पलक, जो खुल रही है।

काव्य संकलन

संपादिका: डॉ. अनुपमा श्रीवास्तव
'प्रयागी'

ISBN 979-888546436-9

नारी शक्ति को समर्पित

क्रम-सूची

क्रम-सूची

क्रम-सूची

क्रम-सूची

क्रम-सूची

भूमिका

विहंगम विचारों को भावों के साथ पाल-पोसकर बड़ा करना और समय आने पर शब्दों में बांधकर अभिव्यक्त कर देना, कवि हृदय की प्रकृति भी है और एक अद्भुत अनुभूति भी।

जैसे धरती, सूरज की परिक्रमा करते- करते एक दिन स्वयं भू-भास्कर सी हो जाती है , ठीक उसी तरह नारी भी जब अपने दैनंदिनी को कर्तव्य के जुड़े में गूंथने के बाद मन की मुंडेर पर बैठती है तो कुछ अच्छा रचते- रचते स्वयं एक रचना हो जाती है।

मैं कुछ बेहतर ढूंढ रहीं हूँ।
घर में हूँ , घर ढूंढ रहीं हूँ।
जाने किसकी गर्दन पर है ,
मैं अपना सिर ढूंढ रही हूं।
प्रश्न निरंतर उत्तर मांगें,
बाहर -भीतर ढूंढ रहीं हूँ।

घर, वस्तुतः लौटने के लिये ही होता है। प्रस्तुत काव्य - संग्रह में पाँच मूर्धन्य कवियित्रियों ने अपने घर लौटकर मन की खिड़की से झांकते हुए ज़िंदगी से कई सवाल किए हैं और फिर खुद जिंदगी बनकर उनके सटीक जवाब भी दिए हैं।

प्यार से लेकर परिवार तक, रिश्तों से लेकर रविवार तक, मौन से लेकर मनुहार तक, यादों से लेकर इंतज़ार तक, सरकार से लेकर सरोकार तक, कोविड से लेकर किरदार तक और जीत से लेकर हार तक - हर कविता ये संदेश देती है कि जीवन में

अपूर्णता से बढ़कर कोई पूर्णता नहीं, प्यास से बढ़कर कोई जल नहीं , आज से बढ़कर कोई कल नहीं और वियोग से बढ़कर कोई संयोग नहीं ।

किसी को पता नहीं , मैं क्यों खुश हूं इतनी !
आकाश में उड़ती , चिड़िया खुश है जितनी !!

डॉ विजया सिन्हा की कविता का ये अंश नारी मन को दूज के चांद से पूनम का चांद बनने के लिए प्रेरित करता है ताकि खुशियों की आंच से परेशानियों की होली जलती रहे और जिंदगी जिंदादिली से चलती रहे।

मुझे समझना है , मुझे क्या करना है।
मुझे चुनना है या चुने जाना है।

डॉ उर्मिला त्रिपाठी का ये काव्यांश पसंद के लोकतंत्र की असीमता का परिचायक है। ऐसी गहरी पंक्तियां शरीर को छूती ही नहीं, सीधे आत्मा तक पहुँच जाती है।

आईटी विशेषज्ञा श्रीमती अंजली श्रीवास्तव की कविताएं, कविताएं नहीं बल्कि जीवन की विविधताएं हैं। कंप्यूटर गुरु ने कोरोना, कांटे, कार्टून, कर्म, किस्मत, कली - सभी विषयों को आमजन की भाषा और भावना में पिरोने का सम्प्रयास किया है।

राह-ए- ज़िन्दगी में तमाम शौक फ़ना हो गए
राह - ए - शौक में सारी ज़िंदगी फ़ना हो गयी।

डॉ पूर्वी कुमार की रचना का ये अंश जीवन की हांडी पर बासमती से पके और सुगंधित दर्शन की अनुगूंज है। उनकी कल्याणी कविताएं एक ओर हवाओं को मुट्ठी में बाँधने की ताकत को अभिव्यक्त करती हैं तो दूसरी ओर अपनी माँ की मुट्ठी में बंध जाने को भी उतनी ही आतुर दिखाई देती हैं। हिंदी और उर्दू

के प्रांजल प्रयोग की पुरवा है पूर्वी जी की कविताएं।

और डॉ अनुपमा श्रीवास्तव जी की कविताएँ यद्यपि संग्रह के अंतिम पड़ाव पर परियों - सी प्रकट होती हैं तथापि उन्हें पढ़कर लगता है कि वे अंत में आरंभ की यात्रा पर ले जा रही हैं - बीज के प्रारंभ की , हंसी के प्रारंभ की , यादों के प्रारंभ की , आत्मीय सम्बन्ध के प्रारंभ की , दिन के प्रारंभ की , अवकाश के प्रारंभ की, प्रेम के प्रारंभ की , ख्वाहिशों के प्रारंभ की और मन का , मन से जीने के प्रारंभ की। वो कहती हैं -

कितना मुश्किल है रोते को हंसाना पर अपना ग़म कभी न समझ पाना

इन पंक्तियों में छिपी गहराई उनके प्रयागी व्यक्तित्व की ऊंचाई की एक झीनी - भीनी झलक है। उनकी रचनाएं दरअसल उनके मन का सच्चा प्रतिबिम्ब हैं ।

कुछ नायाब ख़जाने रख
ले मेरे अफ़साने रख।
जिनका तू दीवाना हो,
ऐसे कुछ दीवाने रख।
इन कविताओं के घर में
अपने ठौर - ठिकाने रख

प्रस्तुत काव्य - संग्रह की पाँचों कवियित्रियों की कविताएं मन के साथ ऐसे बहते चली जाती हैं , जैसे ऋषिकेश के किनारे- किनारे अलकनंदा। ये कविताएं नहीं, बल्कि हर नारी की छः इंद्रियों के भावेश को पंचाक्षर में जड़ने वाला पंचामृत है , जिसे घूंट- घूंट कर पीने का अपना ही आनंद है ! ये कविताएं पढ़कर ऐसा लगता है कि हमारे आस-पास को किसी ने उजास से भर दिया हो।

कविताओं का एक भी शब्द शोर नहीं करता , बल्कि मन के भीतर चिंतन के आर्य मौन का निर्माण करता है । शायद इसीलिए ये काव्य संग्रह पठनीय , प्रशंसनीय और अविस्मरणीय बन पड़ा है।

कितना दुश्वार है, दुनिया में ये हुनर आना भी।
तुझि से फासला रखना और तुझि को अपनाना भी।
बदल जाता है शहर के रास्तों का मिजाज
इतना आसान तो नहीं , घर लौटकर आना भी।

अपनी कविताओं के साथ ये पाँचो अपने मन के मायके लौटकर आयी हैं।

स्वागत नहीं करेंगे.... !!!!

मेरी असीम शुभकामनाएं
सुधीर कुमार कोचर

1. महिला वैज्ञानिक की अनकही गाथा

डॉ. विजया सिन्हा

डॉ. विजया सिन्हा का जन्म बिहार के छपरा जिले में 5 दिसंबर 1944 को हुआ । उनकी प्रारम्भिक शिक्षा पटना में हुई ।1965 में पटना साइंस कॉलेज से एम. एस. सी. करने के बाद 1973 में उन्होंने आई.आई.टी. दिल्ली से पी. एच. डी. की। विवाहोपरांत 1976 में उन्होंने गुजरात विश्वविद्यालय, अहमदाबाद के फिजिक्स डिपार्टमेंट में काम करना शुरु कर किया। वहाँ उन्होंने पोस्ट डाक्टरल फेलोशिप, रिसर्च असोसिएट और पूल औफिसर की तरह विज्ञान के क्षेत्र

में काम किया। 1986 में उन्होंने सैक (एस.ए.सी. अंतरिक्ष उपयोग केन्द्र -अहमदाबाद) एक वैज्ञानिक के पद पर ज्वाइन किया |सैक में 43 प्रोजेक्ट रिपोट्र्स प्रकाषित किए तथा 10 एप्रेन्टिस को ट्रेनिंग दी | उन्होंने अंतरिक्ष में भेजे जाने वाले कुछ उपकरणों के डिजाइन, विकास और निर्माण का भी काम किया। वे उपकरण सेटेलाइट में लगाए गए और अभी भी अंतरिक्ष में सफलता पूर्वक काम कर रहे हैं। सैक से 2004 में सेवा निवृत्त हुई। इनके दर्जनों पेपर्स राष्ट्रीय एवं अंतरराष्ट्रीय जर्नल्स में प्रकाशित हो चुके है।वैज्ञानिक होने के साथ अध्यापक के रुप में इनका 7 वर्ष का अनुभव है। अँग्रेजी और हिन्दी में रचनाएँ एवं कविताएँ लिखने की रुचि पहले से ही थी और कुछ न कुछ लिखती भी रहती थी।
-डॉ. अनुपमा श्रीवास्तव

2. यादें

यादों की यादें यादों में ही रहना,
यादों की सीमा कभी पार न करना।
सीमा पर हैं काँटों की झाड़ियाँ,
उसके आगे हैं ऊँची पहाड़ियाँ।
झाड़ियों में उलझ जाएंगे हम,
पहाड़ियाँ न चढ़ पाएंगे हम।
लौट कर यादों में आएंगे हम,
यादों में रहना सीख जाएंगे हम।
यादों की दुनिया है बहुत ही सुहानी,
यहाँ किसी तरह की है न कोई परेशानी,
मुझे होती तो है कभी - कभी बहुत हैरानी,
क्या यही है मेरी यादों की कहानी ?

3. जीवन का सफ़र

जीवन के सफ़र में कई मोड़ आते हैं,
मोड़ पर घूम कर हम आगे चले जाते हैं।
हर मोड़ की होती है कोई न कोई कहानी,
हम भूल जाते हैं जब वे हो जाती हैं पुरानी।
पर कुछ हैं जो छोड़ जाती हैं अपनी निशानी,
भूल न पाते, बन जाती हैं वे यादों की कहानी।
ये अनमोल कहानियाँ रहती हैं सदा अपने पास,
लिख कर रख उन्हें, पूरी करनी है अपनी आस।
क्या लिखुँ, कैसे लिखुँ, कुछ समझ में नहीं आता,
कोई भी नहीं जो आ कर मुझे कुछ बता जाता।
आगे का मोड़ दिखता नहीं, कहाँ है पता नहीं,
आगे बढ़ते जाना है, रुकना नहीं कहीं,
गाकर, मुस्करा कर चलते जाना है,
जीवन का सफ़र सुहाना है।

4. रंगमंच

दुनिया के रंगमंच पर हर कोई आता है,
अपना पाठ बजाता है,
कोई सोकर, कोई रोकर, कोई हँसकर, कोई गाकर,
आता है और चला जाता है।
किसी का रास्ता फूलों भरा होता है,
तो किसी के रास्ते में होते हैं काँटे,
बीज तो उनके हमने ही बोए हैं,
फिर और कोई क्यों हमारा सुख दु:ख बाँटे ?
यह राज़ की बात है,
कैसे किसी की समझ में आए ?
जिसको पता है, जिसने समझा है,
वही आ कर समझा जाए।
बात आ गई समझ में, फिर कैसा दु:ख, कैसा सुख,
किसी से क्या कहना ?
नाटक में अपनी भूमिका है निभानी,
रंगमंच पर खुशी से है रहना।

5. जीवन का चौथा पहर

दिन बीतते चले जा रहे हैं।
सुबह होती है, शाम होती है,
रात आ कर चली जाती है।
एक नया सबेरा आता है,
कुछ नया नहीं लाता है।
नया हमें लाना पड़ता है।
जीवन का पहला पहर
कैसे बीता पता नहीं चला,
दूसरा भी आ कर चला गया।
तीसरे पहर में कुछ पता चला,
जीवन में क्या - क्या होता है।
पर सोचने में यह भी गया।
चौथे पहर के पहले कदम में ही
सब कुछ पता चलने लगा।
गलत सही में अन्तर दिखने लगा।
न सुबह वैसी, न शाम वैसी,
रात भी अलग दिखने लगी।
जिंदगी अलग - अलग सी लगने लगी।
कुछ न कुछ करना पड़ेगा,
ऐसा समझ में आने लगा,
क्या करना है सोचना होगा।

6. फिजिक्स

भूल गई हूँ अब सारी फिजिक्स,
कविता ने पकड़ लिया है हाथ।
छोड़ूँ अब कैसे इसे, छोड़ कर भी
जाऊँ कहाँ, देता नहीं कोई साथ।
फिजिक्स एक अच्छा सा साथी था,
दोनों ने कोशिश की साथ निभाने की।
दोष तो फिजिक्स का कभी था ही नहीं,
मैंने ही गलती की उसे भुलाने की।
अब तो डरने लग गई हूँ मैं उससे,
मुझ से बहुत बढ़ चुका है वह आगे।
कोशिश करके भी पहुँच न पाऊँगी,
टूट चुके हैं बीच के सब पुराने धागे।

7. खुशी की किरण

उलझनों की गुत्थियाँ सुलझने लगी हैं,
काँटों के बीच फूल खिलने लगे हैं,
आसमान में बादल भी छँटने लगे हैं,
सूरज की किरणें जमीं पर आने लगी हैं।
ये किरणें हमें कुछ समझाने लगी हैं,
भाषा उनकी समझ में आने लगी है।
ये उलझनें, ये काँटें ,ये बादल छुपने लगे हैं,
जीवन की बगिया सुन्दर लगने लगी है,
रंग बिरंगे नित फूल जो खिलने लगे हैं।
भौंरे भी फूलों पर मँडराने लगे हैं,
तितलियाँ अपने पंख फैलाने लगी हैं।
जीवन की नैया आगे बढ़ने लगी है,
किनारा भी पास नज़र आने लगा है।

8. फूल और काँटे

खुशियों के फूल चुन कर पास रख लो,
ध्यान रहे काँटा न चुभने पाए।
काँटों के धागे से फूलों को जोड़ दो,
याद रहे कोई काँटा चुभ न जाए।
रंग बिरंगे फूलों जैसी खुशियाँ,
सुन्दर हार बनाती हैं काँटों के साथ।
काँटे जैसी परेशानियाँ जब पकड़ लेती हैं,
फूलों जैसी खुशियों के हाथ।
फूलों की सुगंध तथा उनके रंग,
बगिया की सुन्दरता बढ़ाते हैं।
काँटों के साथ होने से लोग,
फूलों को जल्दी तोड़ न पाते हैं।
खुशियाँ और परेशानियाँ साथ रह,
मन में जीवन की बगिया बनाती हैं।
दोनों का साथ रहना है अच्छा,
परेशानियाँ खुशियों में बदल जाती हैं।

9. नींद की गोली

किसी को पता नहीं मैं क्यों खुश हूँ इतनी,
आकाश में उड़ती चिड़िया खुश है जितनी।
आ रही परेशानियाँ हैं पर चली जा रही हैं,
क्योंकि उनके साथ खुशियाँ भी आ रही हैं।
खुशियों को पास रखना है अपने साथ सदा ,
ऐसा रहा तो परेशानियाँ होती रहेंगी विदा।
नए रूप लेना परेशानियों का है काम नित
आज या कल लेने आता नहीं उन्हें विश्राम।
नींद की गोली नहीं बनी है कोई उनके लिए,
इसी पर शोध की जाए जरूरी है सबके लिए।
शोध के लिए विश्व विद्यालय की जरूरत नहीं,
गोली छुपी हुई है अपने मन के अंदर ही कहीं।
ढूँढ रही थी मैं उसे, लगता है अब मिल गई है,
क्या यह पी.एच.डी. की एक थिसिस बन रही है?

10. हम कौन हैं?

दुनिया के मेले में हम खो गए हैं,
भीड़ में कोई अपना नज़र नहीं आता।
अपना पता भी याद नहीं है हमें,
याद होता तो शायद कोई बता पाता।
हम कौन हैं, कहाँ से आए, कहाँ है जाना ?
इनके उत्तर ज़रूरी है जानना।
ये प्रश्न कभी आए नहीं सामने,
अब जरूरत है अपने को पहचानना।
किसी ने समझाया, हम शरीर नहीं आत्मा हैं,
परमात्मा के प्यारे बच्चे।
सुख, शान्ति, प्यार, आनंद, ज्ञान, शक्ति,
पवित्र तथा मन के पूरे सच्चे।

11. रिटायरमेंट की तैयारी (भाग-1) (2004)

लो आ गई है रिटायरमेंट की बारी,
करनी पड़ती है इसकी पूरी तैयारी।
पहला काम, करना है तैयार अपने को,
जो कुछ आज है वह न होगा कल को।
होने वाला है परिवर्तन पूरा,
रह न जाए कोई काम अधूरा।
बचे हुए काम की सूची बनाना,
सब को पूरा करना और करवाना।
एक साल से चल रही है तैयारी,
सब से सहयोग के लिए हूँ आभारी।
पढ़ाई का अंतिम वर्ष होता है जैसा,
रिटायरमेंट का वर्ष भी है कुछ ऐसा।
अपनी पूरी मेहनत है लगानी,
व्यर्थ कार्यों की करनी है कुर्बानी।
कुछ हो न हो रिटायरमेंट के बाद,
सदा आती रहेगी सैक की याद।

12. रिटायरमेंट की तैयारी (भाग-2) (2014)

बीत गए दस वर्ष रिटायरमेंट के बाद,
फिर भी आती रहती है सदा सैक की याद।
सिखाया था चलना जिनको हाथ पकड़ कर,
खुश होकर देख रही हूँ चढ़ते हुए उन्हें शिखर पर।
छोड़ा था सैक मैंने जिनके लिए,
कुछ तो कर पाई आज मैं उनके लिए।
अपने को भूल कर सबके लिए करती आई,
दस वर्ष बाद ही सही, चलो याद तो अपनी आई।
कभी सोचा न था अपनी भी हैं कुछ रुचियाँ,
छुप गई थीं, खो गई थीं, जब आ गई जिम्मेदारियाँ।
इन दस वर्षों में पता तो चलने लगा,
अधिक समय हर काम करने में लगने लगा।
फिर ध्यान आया सत्तरवाँ जन्मदिन तो गया,
अब दूसरे रिटायरमेंट का समय पास आया।
अचानक कब आ जाएगा रिटायरमेंट पता नहीं,
रहना है तैयार हर घड़ी, अभी ही आ जाए न कहीं।
रिटायरमेंट के बाद, आएगी नहीं लौटने की बारी,
जीवन की इस संध्या वेला में ही करनी है पूरी तैयारी।

13. रिटायरमेंट की तैयारी–(भाग 3) (2020)

लो आ गया अब जिन्दगी का चौथा पहर,
पहले वर्ष में ही ले आया कोरोना कहर।
कोरोना ने भी कर ली अपनी मनमानी,
जाना होगा उसे, होगी न हमसे नादानी।
रिटायरमेंट की हो चुकी तैयारी दो बार,
करनी है न अब उसकी तैयारी बार बार।
कोरोना ने आ कर काम करना सिखाया,
जीवन में और सोच में भी बदलाव आया।
तीसरे पहर में ही टूट चुका था नाता सबसे,
अकेले रहने की आदत बन गई थी तबसे।
वाट्सएप ने तो आ कर कर दिया कमाल,
अब दोस्तों से हो गए हम मालामाल।
रिटायरमेंट के तैयारी की जरूरत नहीं,
काम बहुत है, कुछ सोचने दो तो सही।
क्या और कैसे करूँ, काम है अभी अधूरा,
जैसे भी करूँ, काम तो करना है ही पूरा।

14. रिटायरमेंट की तैयारी भाग- 4 (2021)

यह क्या लगा रखी है मैंने रिटायरमेंट
के तैयारी की रट, हर समय, हर बार।
जब न तब आकर धमकाती रहती है,
तीन बार आ चुकी, नहीं आना चौथी बार।
बाल नहीं सुलझ रहें हैं तो क्या हुआ ?
यह कोई घबड़ाने वाली बात ही नहीं।
कल कट कर छोटे तो हो ही सकते हैं,
फिर सुलझाने वाली मेहनत ही नहीं।
काम जल्दी नहीं हुआ तो क्या हुआ ?
धीरे धीरे ही हुआ, पर हुआ तो सही।
घर में चीजें बिखरी पड़ी हैं जहाँ - तहाँ,
वे भी हट जाएँगी बाद में, अभी नहीं।
हिम्मत जुटानी होगी, अपने को समझाना होगा,
उम्र चाहे बढ़ती रहे, हमें आगे बढ़ना ही होगा।
अपने मन के मुताबिक ही सब कुछ करना होगा।
एक कदम, दो कदम, आगे चलते रहना ही होगा।

15. रेलगाड़ी

जीवन की रेलगाड़ी चल रही है,
बिना पहियों के आगे बढ़ रही है।
कितने डिब्बे हैं पीछे,
कितने हैं आगे पता नहीं,
हम डिब्बे में कब चढ़े
वह भी मालूम नहीं,
लोगों ने बताया,
मान लिया उसे सही।
डिब्बे एक दूसरे से जुड़े हुए हैं,
एक से दूसरे में आना - जाना चलता है।
स्टेशन आता है, गाड़ी रुकती है,
कुछ लोग चढ़ते हैं, कुछ उतरते हैं।
कब किसे उतरना है वह किसी को पता नहीं,
उतर कर जाना कहाँ है वह भी मालूम नहीं।
इस अनोखे सफर में रोना है या हँसना है,
यह अपने को ही सोचना है।

16. विधि का विधान

विधि का विधान, कितना है महान,
कैसे समझुँ ? काम नहीं है आसान।
कुछ समझने पर हो जाती हूँ हैरान,
समझ न आने पर होती हूँ परेशान।
ये ज़मीं-आसमां और चाँद-सितारे,
लगते तो हैं हम सबको बहुत प्यारे।
पर आए कहाँ से, कोई भी तो बताए,
कुछ पता चले, तभी समझ में आए।
पता करने वाले वैज्ञानिक कम नहीं,
पता करते हैं, पर हो पाए नहीं सही।
प्रयोग आने वाले यंत्रों की कमी नहीं,
अनेकों नई योजनाएँ बनती ही रही।
किसी ने ही सब कुछ बना रखा है,
छुपा कहीं बैठ कर मजा ले रहा है।
लुका -छिपि, यह खेल तो पुराना है,
फिर हमें क्यों दिख नहीं पा रहा है ?

17. कोरोना का आगमन

कोरोना, मैंने तुम्हें कभी आमंत्रित किया नहीं,
बिन बुलाए मेहमान की तरह आकर बैठ गए।
दरवाजे और खिड़कियाँ भी कभी खोली नहीं,
कहाँ से आए, कैसे आए, अभी तक नहीं गए।
दवाईयों और इंजेक्शनों से तो डरने लगे हो,
और नहीं, पर इतना तो पता चलने लगा है।
रुक न पाओगे, बाहर निकलने की तो सोचो,
रहना नामुमकिन है, तुम्हे भी लगने लगा है।
वैसे जब तक हो, बातें तो करती रहूँ तुमसे,
अकेली हूँ पर काम की कमी लगती नहीं।
कमरे में जो करूँ, कोई रोक टोक नहीं है,
सुबह, दोपहर, शाम और रात भी बदली नहीं।
लगने लगा है दुनिया पहले वाली है ही नहीं,
सब कुछ बदला-बदला जैसा लगने लगा है।
पहले जैसा अब अपना कोई लगता ही नहीं,
किसी का भी अब आना जाना नहीं लगा है।
बहुत बातें हो चुकीं अब तो बाहर निकलो,
बस अब जाओ, जहाँ जाओ तुम्हारी मर्जी।
मुझे अपना यह अकेलापन बहुत पसंद है,
अबसे बस चलाऊँगी केवल अपनी मर्जी।

18. कोरोना की विदाई

मेहमान थे मेरे इसलिए कहा नहीं कुछ मैंने,
पर हर चीज की होती है अपनी एक सीमा।
बहुत लोग इंतज़ार में खड़े हैं, बाहर तो देखो.
बिना मास्क, लम्बी कतारें, खा रहे हैं कीमा।
किसी को होश नहीं, क्या कर सकते हो तुम,
जान कर भी अनजान बन गए हैं सब लोग।
उनके पास जा कर, कर दो उनकी धुनाई,
पकड़ लाओ घर पर, खाने दो छप्पन भोग।
मेहमान नवाज़ी बहुत हो चुकी मेरे घर,
सौगात भी सब दे दूँगी जाने से पहले।
अपना बोरिया बिस्तर सब ले कर जाना,
देख लो छूटे न कुछ, निकलने के पहले।
विदाई की मुहुर्त नहीं बना है तेरे लिए,
बैठ कर यूँ सब कुछ सोचना बंद कर।
बाहर का नज़ारा भी तो देखने लायक है,
दरवाज़ा खुला है, बाहर की भी सैर कर।

19. मन की बात

लिखना चाहती हूँ मैं कुछ अपने लिए,
पर क्या लिखुँ, कैसे लिखुँ पता नहीं।
जानता नहीं है कोई मुझे मेरे सिवा,
पढ़ कर भी कोई समझ पाएगा नहीं।
जीवन के एक मोड़ पर कुछ मिला,
भले हक़ीक़त न हो, सपना ही सही।
जाने किस दुनिया में खो गए हम,
कब शुरू, कब खत्म, पता ही नहीं।
सुख-दुःख के साथ समय बीतता गया,
कितनी आँधियाँ, कितने आए तूफ़ान।
जीवन की नैया कभी इधर - कभी उधर,
किनारा मिलना था नहीं आसान।
दुनिया को समझना है मुश्किल,
कभी ऐसा कुछ, तो कभी वैसा कुछ।
कल का किसी को कुछ पता नहीं,
इतना सब आज़ फ़िर सोचना कैसा ?

20. समय का चक्र

समय का चक्र घूमता रहता है,
रुकता नहीं चलता ही रहता है।
सतयुग, त्रेता, द्वापर, कलयुग,
समय प्रमाण आता ही रहता है।
सर्दी, बसंत, गर्मी और बरसात,
हर एक वर्ष में लाता रहता है।
सुबह, दोपहर, शाम, सबेरा भी,
एक दिन में आता ही रहता है।
सुख - दुःख और परेशानियाँ,
लाना नहीं है समय का काम।
हम स्वयं ही अपनाते हैं उन्हें,
पर हो जाता है समय बदनाम।
हमें अपने आप को जगाना है,
कुछ अच्छा करके दिखाना है।
हम भी सब कुछ कर सकते हैं,
यह हमें समय को समझाना है।

21. क्या लिखूँ?

अब क्या लिखूँ ?
लिखने के लिए कुछ बचा ही नहीं।
इधर उधर की बाते करूँ,
ऐसा कभी करने मुझे आया नहीं।
बाहर क्या हो रहा है ?
जानने की कोशिश की ही नहीं।
अपने में खोई रहती हूँ,
दूसरे की कोई परवाह ही नहीं।
अब क्या हो गया ?
पहले जैसा कुछ लगता ही नहीं।
बदला हुआ है सब,
पर चाँद और सितारे बदले नहीं।
मैं बदल गई क्या ?
पर ऐसा तो कभी संभव ही नहीं।
सोचना बंद कर दूँ,
क्या ठीक है,
या कुछ ठीक नहीं ?

22. दुनिया बदल गई

पहले वाले दिनों की बात कुछ और ही थी,
न टी.वी, न कम्प्युटर, मोबाइल भी नहीं।
चिट्ठी लिखना, चिट्ठी पढ़ना, ख़ुश थे हम,
बातें करना, बातें सुनना, आगे कुछ भी नहीं।
बच्चे भी बाहर मैदान में खेलते रहते थे,
अभी तो मोबाइल के बिना रह सकते नहीं।
खेल-कूद, क्रिकेट-बैडमिंटन सब भूल गए,
मिलना-जुलना, आना-जाना भी रहा ही नहीं।
ख़ुश हैं या नहीं, जानना है बहुत मुश्किल,
अपने सिवा दुनिया में कुछ दिखता ही नहीं।
कमरे में ए.सी. रहना बहुत ही है जरूरी,
कुछ धूप-बारिश में भले रहें, छतरी भी नहीं।
देखते-देखते ही यह दुनिया पूरी बदल गई,
पता चला, पर हम कुछ कर सकते भी नहीं।
क्या अपने को बदल देना है बहुत जरूरी,
यह तो हमसे कभी होने वाला है ही नहीं।
हम तो बाते करेंगे, चिट्ठियाँ भी लिखते रहेंगे,
कोई कुछ भी कहे, हम बदलने वाले ही नहीं।
जिसको जो भी कहना है वह कहता ही रहे,
हम - हम ही रहेंगे, दुनिया बदले, पर हम नहीं।

23. अनकहा प्रेम

डॉ. उर्मिला त्रिपाठी

डॉ. उर्मिला त्रिपाठी वर्तमान में प्राध्यापक, प्रसूति एवं स्त्री रोग विशेषज्ञ, गजरा राजा मेडिकल कॉलेज ग्वालियर, मध्य प्रदेश में कार्यरत हैं तथा ग्वालियर प्रसूति एवं स्त्री रोग विशेषज्ञों की संस्था की अध्यक्षा हैं। उनका जन्म 8 जनवरी 1959 ग्वालियर में हुआ । साहित्य में हमेशा से रुचि होने के कारण उन्होंने इंग्लिश लिटरेचर में 2019 में इंदिरा गांधी ओपन यूनिवर्सिटी, इग्नू से मास्टर ऑफ़ आर्ट्स इन इंग्लिश पूरा किया। इतना ही नहीं सन 2012 में उन्हें चिकित्सा क्षेत्र में "ग्वालियर गौरव" उपाधि से सम्मानित किया गया।

सन 2017 में टाइम्स ऑफ इंडिया ग्रुप द्वारा "आइकंस ऑफ हेल्थ अवार्ड" से सम्मानित हुई। उनके स्त्री रोग पर कई शोध पत्र राष्ट्रीय पत्रिकाओं में प्रकाशित हैं। चिकित्सा क्षेत्र के अलावा उनकी रचनाएं हिंदी साहित्य की प्रतिष्ठित पत्र-पत्रिकाओं एवं विशेषांकों में प्रकाशित होती रही हैं। इतनी उपलब्धियों के साथ उनका साक्षात्कार आकाशवाणी व दूरदर्शन पर भी प्रसारित हुआ । उनकी कविताओं का एक संकलन "सप्त सिंधु" सन 2004 में अंचल के छह अन्य प्रतिष्ठित कवियों के साथ प्रकाशित हुआ।

-डॉ. अनुपमा श्रीवास्तव

24. हम और दरिया

शाम थी, दरिया था, किनारा था,
और किनारे पर हम थे।
दूर ... तक देखा तो एक सौम्य साँवला
नजारा था
जो हमें भला लगा।
वो शाम, वो दरिया, वो किनारा और
किनारे पर हम
यह मिलन ऊपर वाले को भी भला लगा
वह मुस्कुरा दिया ...
और आर्शी सुमन बरसा दिया।
हम दोनों ने ही कुछ ऐसा महसूस किया
जैसे पहले न किया था।
नजदीक से देखा ...
दरिया में धड़कने हैं तरंग हैं
उसका पानी मचल रहा हैं ... पर सतह
के नीचें
मन हुआ एक कंकड़ फेंकर देखूँ ...
पर नहीं ... न कर सकी।
सोचा, दरिया मेरे लिए नहीं,
दरिया मेरा नहीं।
फिर गौर से देखा ...
मुझे ही तो बुला रहा था वह
आस पास देखा ... मैं अकेली ही तो थी

उसके पास।
असमंजस में डूबी थी ...
तभी ... पाँवों को कोई छू गया।
वह दरिया का ही पानी था ...
मेरे ही मन की कहानी था।
मैं कैसे रोक पाती अपने को
एक कंकड़ उठा कर फेंका ...
ढेरों लहरें दौड़कर मेरे कदम चूम गईं ...
और ...
मैं दरिया के हृदय की ओर बरबस ही
चल पड़ी।
उसने मुझे समेट लिया
बेशुमार प्यार किया।
मैं दरिया की हो गई
मैं दरिया में खो गई।
मैं मछली बन कर जीने लगी।
अब जल ही मेरा जीवन हैं।
जब कभी ज्वारभाटा के फेर में
किनारे पर अकेली छूट जाती हूँ - कुछ
पल को
तो आँसुओं से अपने को भीगा पाती हूँ।
क्योंकि ...
अब जल बिना तो मेरा जीवन ही नहीं।
आँसुओं के रूप में-
दरिया को अपने से लिपटा पाती हूँ।

25. हृदय तू क्यों है विह्वल

इस संगम से बढ़कर भी पा सकता है क्या कोई
सुख का संगम ?
इतने सुखों का साथ लिये भी
हो सकता है क्या कोई आकुल ?
ऐ हृदय बता, किसके लिये है तू विकल ?
इस ख़ुशहाली के सागर में
क्या है चाह तेरी, क्यों है तू विह्वल ?
समझ नहीं पाता तुझे ए हृदय
नहीं करना चाहता आहत किसी को
खुद तू छलनी होता जाता।
कब तक इस तरह जिएगा?
आखिर में दोनों ही आहत होंगे
और तेरा तो शेष भी न बचेगा।
तब क्या करेगा, जिन्दगी में पलायन करेगा ?
चाहेगा तो भी कर न सकेगा।

26. अधूरी ख्वाइश

गुदगुदाता है ख्याल, हमारी याद भी सताती है उनको
भर-भर आता है मन, कभी उनकी याद जिस तरह सताती है हमको।
यह शायद काफी नहीं, जीवन रोशनाई से सजा रहे
जरूरी है दिल के कोने में कोई चिंगारी भी जलती रहे।
बहुत आसां है ख़ुशी के आदि हो जाना
दर्द का मज़ा भी जरूरी है मिलते रहना।
हम क्या चाहें खुद समझ नहीं पायें
खुदा की हर सौगात सर आँखों लेते जायें।
फिर भी न जाने किस अबूझी प्यास के साथ
न जाने किस बात का दिल करता है इन्तजार ?
इक आस में जिये जाता है ....

27. ये कैसी पुकार है?

मन चंचल है मन अधीर
मन मस्ताना मन दीवाना
दर्पण में अपना मुखड़ा देखूँ
या मन दर्पण में खुद को पहचानूँ ?
मैं नदिया हूँ, मैं प्रवाह हूँ
मैं ही धीरज हूँ, मैं ठहराव हूँ
ठहराव बिना मेरा स्थायित्व नहीं
प्रवाह बिना मेरा अस्तित्व नहीं।
मुझे बहना है, मुझे बढ़ना है
मुझे ठहरना है, मुझे थमना है
मुझे समझना है, मुझे क्या करना है
मुझे चुनना है या चुने जाना है।
मुझे खुशी का स्त्रोत बनना है
या अपनी खुशी तलाशनी है
स्त्रोत को जल की तलाश ?
यह कैसा परिहास ?
मुझे तो बस देना है, देते रहना है
अपनी राह चुनते हुए
रास्ते बनाते हुए - झूमते हुए
प्रवाह में बहते रहना है।
प्रसून खुशियों के दोनों तरफ उगाना है
हरियाली का मंज़र सजाना है
वही मेरा ठहराव समझना

उसे ही मेरा धीरज।
पर मुझे तो बढ़ते जाना है
मानो कोई आवाज मुझे पुकार रही है
उसका पीछा करते जाना है...
सागर में मिल जाना है।

28. मत बांटो प्यार को

इस बदलते सामाजिक परिवेश में
इस युग परिवर्तन के आवेश में
इस आगे बढ़ते जाने की स्पर्धा में
इस मंजिल को पाने की मनसा में
कोई बहुत अकेला होता जा रहा है।
कौन.........?
वही जिसने सबसे ज्यादा प्रगति की है
प्रयास किया है
त्याग किया है
परिहास सहा है
बाधायें पार की हैं
साहस किया है
विकास किया है
वह है ... आज की नारी।
पुरुष जहाँ था वहाँ है, जैसा था वैसा है
आधुनिक नारी की प्रगति से वह मुत्तासिर है।
उसे अपनाना चाहता है
जीवन संगिनी भी बनाना चाहता है।
पर वह उसे ख़ुश रख सके
उसका सच्चा मित्र बन सके
उसके लिये उसे स्वयं को स्वतंत्र करना होगा
परम्पराओं और आदतों की बेड़ियों से
अपने पिता की तरह स्वामी नहीं,

सखा बनना होगा अर्धांगिनी का।
उसका अंतरतम टटोलना होगा
उसका हर त्रास बाँटना होगा
नज़दीक जाकर तो देखो
अहसासों को बाँट कर तो देखो
जरूरत अपनी बता कर तो देखो
फिर देखना ... उसका समर्पण, उसका प्यार,
उसका आलिंगन उसका कसाव
पुरुष ... अभी तुम उससे मुत्तासिर ही हो।
फिर उसके पुजारी भी हो जाओगे।

29. बिछड़ना शाश्वत है

अजनबी टकराते हैं
दिल मिल जायें तो दोस्त बन कर
बिछड़ते हैं।
मिलना इत्तफ़ाक़ मान भी लें
पर बिछड़ना तो शाश्वत है।
हँसना आपका इन्तख़ाब हो सकता है
पर रुदन की परिस्थितियों से
आप कैसे किनारा करें?
हम दुःख में समभाव की कामना करते हैं
वही हम, सुख में इतने मगन क्यों हो
जाते हैं?
भले ही दुःख में हम खुद को कमजोर
महसूस करें
पर सुख हमारी कमजोरी होता है।
दुःख हमें पुख्ता बनाता है
जीना ... जीते रहना ... सिखाता है।
और सुख के अहसास को और अधिक
मधुर बनाता है।

30. प्यार मदहोशी है

प्यार छुपता नहीं, एक 'आह' जो निकल जाती
ताड़ने वाले ताड़ लेते हैं
समझने के लिए एक नज़र ही काफी है।
प्यार कहीं भी, कभी भी, किसी को भी हो जाता है
दिल कितना भी सम्हालो, जब सम्हलना न चाहे
तो गँवाकर ही चैन आता है।
अगर बदले में उनका दिल भी मिल जाये
तो क्या कहने ...
प्यार करने का पूरा मज़ा आता है।
खुशकिस्मत हैं वे, जिन्हें कोई प्यार करे
खुशकिस्मत हैं वे, जिन्हें प्यार हो जाता है
यह इतना निजी अहसास है ...
जो खुद पर ही बीते तभी ...
अपने पूरे लुत्फ के साथ ... हमारी जिन्दगी को सजाता है।
उसे रंग, नूर और इत्र से नहलाता है
प्यार के नये अंकुर खिलाता है, पल्लव नये उगाता है।
जीवन जीवन्तता से भर देता है।
खुद से एक खुशबू सी आने लगती है
मदहोशी हमें लुभाने लगती है,
नजर आते हैं हम मुस्कुराते हुए
प्यार के गीत गुनगुनाते हुए।

31. प्यार निर्भरता नहीं

प्यार करें हम कितना भी
ख्याल रखें हम कितना भी
पर सहारा न दें इतना भी
कि सहारा उसकी जरूरत बन जाये।
जरूरत में भी बुराई नहीं
डर है .... सहारा लेना उसकी आदत न बन जाये।
हम जितना प्यार करें उसको
उतना ही समर्थ बनायें उसको
वह जितना खुश हमारे साथ रहे
उतना ही खुश वह अपने स्वयं के साथ रहे।
हमारा प्यार उसे मजबूती दे
हम उसकी कमज़ोरी न बनें।
जिस तरह मेरा प्यार उसकी खुशी है
उसकी प्रगति व पहचान उसकी शान बने।

32. प्यार दीवानगी है।

यह सच है ... प्यार दीवाना बना देता है
डर लगता है - प्यार महज़ अफसाना न बन जाये।
प्यार जब परवान चढ़ता है
दीवाने बने रहना ही अच्छा लगता है।
प्यार में करार तो होता ही नहीं
बेकरार रहकर ही जीना, मन को अच्छा लगता है।
बेकरारी का यह नायाब तोहफ़ा
किस्मत वालों को, बड़े नसीब से मिलता है।

33. कहते भी तो नहीं हो

मैं तुम्हें बुलाऊँ ... तुम्हें अंदाज़ हो जाये
फिर भी तुम आ न सको
ऐसा कभी हो सकता है
कभी नहीं भी हो सकता है।
तोहफ़ा ऐसा हो कि, ऐसा कभी न हो-
"मैं तुम्हें बुलाऊँ ... तुम्हें अंदाज हो जाये
फिर भी तुम आ न सको।"
पर ऐसा हाता है।
ऐसा क्यूं होता है प्रिये ?
मैं जानती हूँ पर मानना नहीं चाहती
ऐसा इसलिये होता है क्योंकि तुम ऐसा होने देते हो।
तुम परिस्थितियों से मजबूर हो सकते हो
पर दिल ?
दिल ने तुम्हारे कहना छोड़ दिया हो ...
यह मुमकिन नहीं,
दिल को तुमने सुनना छोड़ दिया हो ...
यह भी मैं मान नहीं सकती।
फिर क्यों ???? ... इतने इतने फासले,
दिल पर इतना बड़ा पत्थर!
इतना बोझ लेकर मत जीओ प्रिये
मुझसे कह दो ...
मैं बुलाना छोड़ दूँगी।
वह भी तो नहीं कहते हो तुम।

शायद मेरा बुलाना तुम्हें अच्छा लगता है
इसी बहाने ... उम्मीद का कोई तो रास्ता
तुम्हें खुला लगता है।
और मुझे?
मेरी हर पुकार को तुम्हारा ''जबाव न देना''
तुम ही बताओ ... ''कैसा लगता होगा?''

34. सच का आघात

दूर होकर भी
महसूस होते हो पास
तुम्हारे साथ जी रहा हूँ
हर पल देते हो यह अहसास!
तुम्हारे शहर से गुजरा
तुम्हें देखने का साहस न कर सका
कहीं इस प्यारे अहसास को
सच का आघात न लग जाये।
तुम कहीं भी रहो
मेरे लिय प्यार, तुम्हारे दिल में भी है
तुम कहो न कहो
कहीं न कहीं जुड़े मुझसे, तुम भी हो।
तुम्हारी दूरी
मुझे कोई मजबूरी नहीं लगती
सच तो यह है कि
तुम्हारी दूरी मुझे दूरी ही नहीं लगती।

35. प्यार जब हों मेहरबां

प्यार ने किसको सालिम छोड़ा
अरमानों के पंख उगा कर
पल भर को। जन्नत दिखलाकर
जी भर कर उसको मसला मरोड़ा।
प्यार बुलाने पर कब आता
प्यार भगाने पर कब जाता
जब आता एक अनोखा धमाल मचाता
कोई पहरा तब उसे रोक न पाता।
कितनी ही हो मुश्किलें या बन्दिशें
लाख हो तड़प, अनंत हो बेकसी
प्यार से कोई दामन छुड़ा नहीं पाता
प्यार वो नगमा है जो कोई भुला नहीं
पाता।
प्यार जब बरसता है तो सैलाब आ जाता
आप जिस हाल में हों समेट ले जाता।
प्यार जब सिमटता तो सब दर-बदर कर
चुका होता
आप अकेले आँसुओं के सैलाब से लड़
रहे होते।
प्यार प्यारा भी है, प्यार जान लेवा भी
प्यार की महक आपको चंदन बना दे
प्यार की रोशनी तन में चाँदनी खिला दे
प्यार जब हों मेहरबाँ, तो किस बात की

परवाह।

36. जीवन उत्सव

तुम साथ थे
हम जोली थे
हँसी थी ठिठोली थी
उत्सव था उत्साह था
उमंग थी तरंग थी
सुख दोनों का खून बढ़ाता
गम बँटते ही रफु -चक्कर हो जाता।
कोई रोष दिलाता तो हम हाथों में हाथ लिये
आवेश और आक्रोश को थामते
शान्ति पथ तलाशते, हँसते मुस्कुराते
जीवन उत्सव मनाते
जीवन का गीत गाते चलते जाते
आगे आगे बढ़ते जाते।
इस संगम से बढ़कर भी पा सकता है क्या कोई
सुख का संगम ?
इतने सुखों का साथ लिये भी
हो सकता है क्या कोई आकुल ?
ऐ हृदय बता, किसके लिये है तू विकल?
इस खुशहाली के सागर में
क्या है चाह तेरी, क्यों है तू विह्वल ?
समझ मैं नहीं पाता तुझे ए हृदय
नहीं करना चाहता आहत किसी को
खुद तू छलनी होता जाता।

पलक, जो खुल रही है।

कब तक इस तरह जिएगा ?
आखिर में दोनों ही आहत होंगे
और तेरा तो शेष भी न बचेगा।
तब क्या करेगा, जिन्दगी में पलायन करेगा ?
चाहेगा तो भी कर न सकेगा।

37. तुम बिन मैं कैसे जिंऊ ?

मीत यह कैसा प्यार है तुम्हारा!
अपनी यादों का तोहफ़ा थमाकर
खुद अपने दिल का हाल बताना छोड़ दिया !
मैं यह तोहफ़ा कहाँ छुपाऊँ, किसे दिखाऊँ
दिल सम्हलता नहीं, तुम पास आते नहीं
तुम बिन मैं कैसे जीऊँ, कैसे मुस्काऊँ ?
अपना बनाकर, सुनहरा रंग दिया मेरे जीवन को
दूरी जता कर ... मेरे सारे रंग छीन लिये।
बना के क्यूँ बिगाड़ा रे ... चित्रकार तुमने
तुम समझाओ ... तभी तो हम समझेंगे।
जिस रेगिस्तान में तुम अपने दौड़ते रहने की बात करते थे
उसमें मुझे भी दौड़ पर लगा दिया।
अपना हमसफ़र बना कर नहीं,
अकेले दौड़ते रहने का फ़रमान दे दिया तुमने।
अब मेरी न कोई मंज़िल है, न किनारा
न पानी है, न प्यास ही है।
बस साँसें है और मैं हूँ
तुम्हारी यादें हैं और दर्द है।
"हम तुम कुछ दिन दूर रह कर देखें"
यह मेरा मात्र एक प्रस्ताव था।
तुमने मुझे ही अपने से दूर कर दिया
भला किया ... खुद को मेरी आँच से बचा लिया।

पलक, जो खुल रही है।

मैं शोला हूँ ... कल राख बन जाऊँगा।।
फिर न अहसास होगा, न प्यार,
न फ़रियाद होगी, न शिक़ायत न गिला।

38. माँ की पुकार

बचपन में घर के सामने एक बगीचा था,
पिता के शौक़ और मेहनत का नतीजा था।
लॉन में मुलायम हरी घास
चारों तरफ घनी मेंहदी की बाढ़
जो तरतीब से कटी रहती
घर तक आने वाले कच्चे रास्ते में
तिरछी जमाई ईटों की सीधी रेखा
उसके भीतरी क्यारियों में दोनों तरफ
गुलमेंहदी के फूलों से लदे पौधे
बगीचे में चारों ओर पपीते के वृक्ष
और ढेर सारे मौसमी फूलों की बढ़त।
रोज शाम क्यारियों में लेजिम से पानी छोड़ना
घास पर पानी का छिड़काव
हम सब भाई - बहन, बड़े चाव से,
बारी - बारी से करते थे।
माँ हम सबको बगीचे में व्यस्त देखती,
दरवाजे की पैढ़ी पर बैठी रहती।
या कुछ घरेलू कार्यों में व्यस्त रहती।
बगीचे में उन्हें कुछ करना ही नहीं पड़ता,
क्योंकि पिता थे न,
और हम तीनों बच्चे
साथ में माह में दो बार माली का सहयोग।
अरे हाँ बताना भूल गये,

घर के बगल से एक बड़ा - सा किचिन गार्डन भी था
जिसमें हर मौसमी सब्जी के बीज और पौधे
समय से रोपे जाते।
वक्त आने पर वे भरपूर फलते - फूलते थे।
उनकी बढ़त देखकर
हमारे पूरे परिवार का
उल्लास भी बढ़ता और स्वास्थ्य भी।
समय पलटा,
पिता छूटे,
सरकारी घर छूटा
फिर अपने अर्धनिर्मित मकान की
दूसरी मंजिल पर,
मानों एक टापू में रहते हुए
जिन्दगी की विषमताओं और ललकारों से जूझते हुए
माँ ने जिन्दगी के अगले २५ वर्ष बिताये।
हम भाई -बहन सब पढ़े-बढ़े,
अपने - अपने घर संसार बसाये।
अब माँ मेरे पास है।
हम अब भी दूसरी मंजिल पर रहते हैं,
यानि बगीचे से वंचित हैं।
मैं देख रही थी,
माँ काफी समय से इकलौते तुलसी के पौधे की देख-रेख में रहती है,
कभी धूप से छाँव में सरकवाती है गमला,
कभी छाँव से धूप में।
कभी घर के बाहर लगवाये मीठी नीम
के तीनों पौधों के गैया के खा जाने

की बात को लेकर दुःखी होती
पर कहतीं कभी कुछ नहीं।
अचानक (उनकी नजर में)
एक दिन मैं ढेर सारे गमले ले आई
खाद मिट्टी भी मँगाई और
नर्सरी से, गेंदें, गुलाब, गुलमोहर
और मौसमी फूलों के पौधे व कलम
भी जुटा लाई।
माली को बुलवाया,
गमलों को तरबीब दिलवाया।
अब माँ को अक्सर पौधों के इर्द - गिर्द देखती हूँ
वह पौधों की बढ़त का बारीकी से
बयान करती है
खिलते गुलाबों से उसका मन खिलता है
कुछ समय सुख का कटता है
और मैं ...
उसकी उमंग और मुस्कानों पर
वारी वारी जाती हूँ।

39. माँ तुम अंतरंग सखी

माँ! तुम तो मुझे समझती हो।
तुमसे सबके सामने, सबके बीच में
विशेषकर तुमसे बात करूँ
यह कुछ हो इसलिये नहीं पाता
क्योंकि मैं अपने तुम्हारे रिश्ते की ...
नुमाइश नहीं चाहती।
पर अफ़सोस ...
इस सबमें, अपने रिश्ते पर ही आँच आ जायेगी
यह मैं क्यों नहीं समझी ?
मैं अकेले होने पर भी ...
जब तुम्हें वक्त नहीं दे रही होती हूँ
तो कुछ तो कर ही रही होती हूँ।
कभी कमरा समेटना,
कभी कागज सम्हालना,
फिर तुम्हारे ही तो इर्द-गिर्द रहती हूँ।
तुम्हें जब पास बुलाती हूँ,
तो जैसे दूसरे के मुताबिक चलना
तुम्हें हमेशा मुआफ़िक नहीं पड़ता,
वैसे ही,
मुझे भी कभी चुप रहना अच्छा लग सकता है।
मैं भी थकती होउँगी,
घर बाहर काम करके ...
मेरे भी कभी पाँव, कभी सिर में दर्द होता होगा

मैं भी कभी सुखी ...
तो कभी दुःखी होती होऊँगी ...।
वैसे, जबसे मुझे तुम्हारे असंतोष का ज्ञान हुआ,
मैंने ध्यान से प्रयास करके
तुमसे बेहतर संवाद करना शुरू किया
पता नहीं, तुम्हें मेरा प्रयास नजर आता है या नहीं ?
माँ, मैं तुम्हारी शिकायत दूर करके रहूँगी
तुम कभी अकेला महसूस मत करना ...
मैं तुम्हारी नहीं तो फिर किसकी हूँ ?
हर रिश्ता मुझसे कुछ माँगता है,
पर तुम तो मुझे समझोगी,
मैं यही समझती थी।
मुझे अपनी समझ को समझाना पड़ेगा।
तुम पुनः मुझे समझो और हम तुम्हें
इसके लिये वार्तालाप तो जरूरी है।
वही कुछ कम हो गया था कदाचित्।
चलो हम वादा करते हैं
हम तुम्हारा भरसक ख्याल रखेंगे।
तुम्हें अगर मैं परिवर्तित नजर आऊँ
तो कृपया मेरी इमेज बदल देना।
मैं अब किसी को कोई सफाई नहीं दूँगी।

40. बेपनाह प्यार

उसने मुझसे बेपनाह प्यार किया
वह प्यार मेरे तन, मन, मस्तिष्क
और आत्मा में समाता गया।
परिस्थितियों के चलते और
अन्ततः उसे कम से कम चोट पहुंचे
इस ख्याल से
मैं अपने इज़हार को ज़ुबाँ तक लाने से
रोकती रही।
तब मेरी खामोशी भी ...
उसे तकलीफ पहुँचाने लगी।
उधर उसका प्यार पींगें भर रहा
इधर मेरा दिल भी मेरे काबू में नहीं
एक दिन बेइख्तियारी (भावावेश) में
मैने पल भर के लिये इकरार कर ही
लिया।
उसने मुझे देवी के आसन पर बिठा
दिया।
फिर ... जैसा कि होना था ...
मेरी खामोशी, मेरी बन्दिशे उसे अच्छी न
लगती थीं।
मैंने उसे कोई भी उम्मीद से सदैव वंचित
रखा
सिर्फ प्यार करती थी उसे और वह भी

कहती न थी।
"तुम कुछ बोलती ही नहीं हो"
यह शायद उसके दुःख का सबसे बड़ा
सबब था।
अचानक ....
उसकी परिस्थितियों ने करवट बदलने के
संकेत दिये
किसी पुराने समीमी रिश्ते ने दस्तक दी।
वह असमंजस में पड़ गया।
उसने मुझसे दूरी कायम करने की
कोशिश की,
और ... उसे अंजाम दिया
यह सब मैं बरदाश्त कर पाती ...
अगर वह कारण बता कर दूर जाता।
मेरे आँसू रुकते न थे ...।
उसके मिलने की आस थकती न थी।
अन्ततः, जब उसकी आवाज सुनी ...
तो लगा - मैं कितनी खुशकिस्मत हूँ।
वह खोया नहीं हैं,
वह मेरा अपना ....मुझसे दूर ही सही
पर रहमते खुदा ... सलामत तो है।
अब वो मुझे मिले न मिले,
मैं बरदाश्त कर लूँगी।
कारण उसके अपने हैं, उसने मुझे बता
दिये हैं।
अब मैं उसे परेशान नहीं करूँगी।
मुझे शक्ति मिले उसके बिना जीने की

और उसे ... मेरा प्यार भुला पाने की,
वह प्यार जो मैं कभी खुल कर जता ही
न पाई
वह प्यार जो पहले तो उसी के प्यार की
गूँज थी
पर अब मेरे अन्तस की आवाज़।
आज उसने माना .... कि
मेरा यह हाल उसी की गलती का नतीजा
है,
ऐसा उसने पहले कभी नहीं कहा।
पूर्ण प्रेम करते हुए
हमेशा मुझे भी प्रेम करने को ही प्रेरित
किया
अब ... उसके, अतीत ने उसे दस्तक दी
है ...।
उसकी 'अलविदा' स्वीकारने में ही शायद
उसकी भलाई है।
वह स्वस्थ जीवन जीने लगे
खुश रहे, मुस्कुराये
यही तो मैं चाहती थी
और दूर रहकर, चुप रहकर
उसे दे नहीं पा रही थी।
वह बिना किसी बोझ तले, शान्त मन से
मुझसे दूर जाये ।
मैं अपने को सम्हाल लूंगी
अब उसे और कोई गम नहीं दूँगी
परेशान नहीं करूँगी।

मैं जी लूँगी ...
वह खुश रहे, हमेशा यही दुआ करूँगी।
पर क्या सच? उसके उसके बिना जीवन
रास आयेगा?
और क्या सच वह मेरे बिना खुश रह
पायेगा?

41. उदासी का घेरा

खुशी कितनी सतही, कितनी क्षणभंगुर
उदासी कितनी गहरी, कितनी टिकाऊ।
उदासी - खुशी पर चढ़ कर सवार हो जाती
खुशी - उदासी का घेरा तोड़ नहीं पाती
खुशी भुलावा, मन का छलावा
फिर भी हम उसके हो जाते हैं
कुछ वक्त को उसमें खो जाते हैं।

42. प्यार का अंजाम

तुम मिले, पास बुलाया
फिर दूर चले गये, मुझे दूर करना चाहा।
तब जाना नशा क्या चीज हैं
तुम मेरे लिये शराब हो
मुझे तुम्हारी तलब रहती है।
मैं भी तुम्हारे लिए शराब हूँ
तुम मुझसे दूर रहते हो
कहीं तुम्हारी तलब मुझे रुसवा न कर
जाये।
तुम कितना सहते हो
और मैं सहना नहीं चाहती
तुमसे दूर रहना नहीं चाहती
रुसवाई अंजाम है ये जानती हूँ
पर तुम्हें तुम्हारा प्यार मैं लौटाना चाहती
हूँ।
नशा उतरने के पहले
तुम्हें तुम्हारी बनकर दिखाना चाहती हूँ
नशा उतर जायेगा
तो मैं भी सहने लगूंगी
तुमसे दूर रहने लगूंगी।

43. प्यार भूलता नहीं

प्यार का जुनून जिस शिद्दत तक
प्यार का जुनून जिस शिद्दत तक और जिस रफ़्तार से बढ़ता है
उतरने में उसे एक मुद्दत
और कभी - कभी एक उम्र भी लग जाती है।
तुमने खामोशी और दूरी क्यों इख़्तियार कर ली है
पर छोड़ देते, प्यार की सजा हम भोग लेते।
इतने नरम दिल हो तुम, इतनी सख्ती कहाँ से लाये
ये कैसा प्यार है तुम्हारा, जो अपने ही प्यार पर भरोसा न किया
कह कर तो देखते ...
तुम्हारा प्यार समझा था ...
तुम्हारी मजबूरी भी समझते।
हम तुम्हारे प्यार में बिखरे थे,
किसी मजबूरी के तहत नहीं,
हम खुद सिमट भी जाते,
धीरे-धीरे सम्हल भी जाते।
जिस तरह झटका है तुमने मुझको
डरती हूँ, वह बिजली कहीं तुम्हें चोट न पहुँचाये
तुम अपने को सम्हाल लेना
जैसा मैं रखती तुम्हारा - वैसा ख्याल रखना अपना।
फिर भी ...
एक बात मानते हो न.....!

चाहते भी जरूर होगे ...
सिर्फ एक बार ... हम तुम मिलना जरूर चाहेंगे ?
पहचान लोगे ?
या सब कुछ ही भुलाना चाहोगे,
या नये संदर्भ में देखोगे !
नहीं ... उस संदर्भ को भी हमारे प्यार की
पृष्ठभूमि जीवन्तता प्रदान करेगा
तब भी हमारी दृष्टियाँ ... अपना ही प्यार ढूँढ़ेंगी
और वह हमें मिलेगा ...
क्योंकि वह कभी खोया ही नहीं था।

44. नशा उतर जाएगा तो...

मुझको इतना प्यार किया
तुमने जितना प्यार दिया
वह ये दिल कभी न भूलेगा।
तुम्हें खो भी सकती हूँ
यह पहली बार मैने तब जाना
जब अचानक तुमने मुझे अलविदा कहा
कारण और निर्णय दोनों तुम्हारे अपने थे।
उस वक्त ...
जिस नाइन्साफी, दर्द और तकलीफ का
अहसास मुझे हुआ
वह भी ये दिल शायद कभी न भूल पाए।
बस ... शुक्रिया मेरे प्रयासों को,
आँसुओं और विश्वास को
और सबसे ज्यादा तुम्हारी मेहरबानी का
तुम्हारे अपने विशाल दिल ने
मुझे पुनः ...
पहले अन्दर आने दिया।
फिर उसी प्यार से
मुझे बाहों में भर लिया।
आखिर प्यार तुमने भी तो मुझे किया था।
मेरा टूटना शायद तुम सह नहीं पाए
तुम्हारी कोमलता ...

अपने प्यार को जीवन दान दे गई।
मैं मुरझाने लगी थी ...
तुमने अमृत बरसा दिया ...
मुझको मेरी जीवन्तता और
मुझ पर मेरा विश्वास लौटा दिया।
नशा उतर जायेगा
तो मैं भी सहने लगुँगी
तुमसे दूर रहने लगुँगी।

45. अच्छा लागे रे ...

सपनों में खो जाना
आँखें बंद कर मुसकाना
तुम्हारे प्यार के सदके जाना
अच्छा लागे रे ...।
खोये-खोये रहना
सजना और इठलाना
तेरी यादों के मंजर सजाना
अच्छा लागे रे ...।
मुश्किल कितनी भी आयें
हम तुम साथ निभायें
ये वादा दोहराना,
अच्छा लागे रे ...।

46. ज़िन्दगी की रफ़्तार

अनेक सहृदय साथियों से हमक़दम होते हैं।
प्यार पाते हैं, प्यार देते हैं
कुछ यादें लेते हैं, कुछ यादें देते हैं।
फिर रम जाते हैं दिनचर्या की लयताल में
काफ़िले की रफ़्तार में
जीवन के त्यौहार में
व्यवसाय और व्यवहार में।
फिर कभी किसी किताब में लिखा पुराना नाम पता टकराता है।
हम यादों में खो जाते हैं।
जब अपनी फुर्सत में दस्तक़ देते हैं उसके द्‌वार
तो अक्सर पते बदले पाये जाते हैं।
तासीर गहरी हो तो वे फिर टकराते हैं
पर इस बार अजनबी नहीं
वो दोस्त होता है जो आगे बढ़ हमें गले लगाता है।
उसका मिलना ही
हमें खुशी से सराबोर कर देता है।

47. अहसास नया-नया

अंजली श्रीवास्तव

अंजली श्रीवास्तव का जन्म उत्तर प्रदेश के प्रयागराज जिले में 17 सितम्बर 1977 को हुआ था। उनकी संपूर्ण शिक्षा इलाहाबाद, जो अब प्रयागराज के नाम से जाना जाता है, में हुई। इलाहाबाद यूनिवर्सिटी से ग्रेजुएशन करने के बाद उन्होंने इंदिरा गाँधी नेशनल ओपन यूनिवर्सिटी से एमसीए किया। अभी वो इलाहाबाद पब्लिक स्कूल में कंप्यूटर शिक्षिका के पद पर कार्य कर रही है। साथ में ही वो

सॉफ्टवेयर डेवलपमेंट का कार्य भी करती है।

कोरोना काल ने सभी को स्वयं को जानने का समय दिया है । अंजली ने भी अपनी पहली कविता कोरोना काल में लिखी।कहानियां और कवितायें सुनने और सुनाने का शौक बचपन से ही था। पहले वो अपने घर और बाहर लोगों को अपनी छोटी-छोटी सी रचनाएं सुनाकर खुश करतीं थीं, पर समयाभाव के कारण उन्हें कभी लिख नहीं पाईं। कोरोना काल में विचारों को इंटरनेट पर साझा किया। धीरे-धीरे लोगों की समीक्षा और प्रोत्साहन से रुचि बढ़ती गई। लोगों के साथ और विश्वास ने आगे लिखते रहने की प्रेरणा दी। एक मन जो हमेशा विज्ञान से जुड़ा रहा, उसमें कैसे काव्य भाव जाग्रत होते हैं, उसका ज्वलंत उदहारण अंजली हैं।

-डॉ. अनुपमा श्रीवास्तव

48. जीवन से पहले मृत्यु के बाद

वह मंदिर के पत्थर पर बैठी
ईश्वर की मूर्ति को निहार रही थी
और सोच रही थी
क्या उउद्देश्य है मेरे इस जीवन का ?
क्यों ईश्वर ने भेजा मुझे इस जग में
क्या मतलब है इस जीवन का ?
क्यों जन्म लेता इंसान ?
क्यों बदलती जीवन की अवस्थाएं ?
क्यो फंसता जीवन-मृत्यु के भंवर में
और क्यों रिश्तों के बंधनों में बंधता
जबकि अंत में
सब जाता हैं छूट
जीवन से पहले,
मानव का अस्तित्व होगा कैसा ?
और मृत्यु के पश्चात,
मानव जाता चला कहां ?
बड़े-बड़े पंडित - ज्ञानियों ने,
इस धरती पर लिया जन्म
पर त्यागे प्राण सबने
अपने ।
कहां चले गये
क्यों चले गये

नहीं पता किसी को
दुनिया ने की तरक्की बहुत
मनुष्य चांद पर पहुंच गया।
बिजली का हुआ अविष्कार ,
आया जमाना कंप्यूटर का
फिर भी प्रश्न,
उठता है बार-बार ।
जीवन से पहले और मौत के बाद,
मनुष्य का वास होता है कहां....???

49. हाथों की लकीरें

एक हताश - निराश इंसान
जीवन से परेशान इंसान
खोजता अपना अस्तित्व
पहुंच गया पंडित के पास।
दिखा कर हाथ
लगा पूछने भविष्य अपना।
पंडित जी मेरा हाथ देख कर,
यह बताइए क्या लिखा भाग्य में??
सफलता मिलती नहीं,
बाधाएं हजार है मार्ग में।
मन करता हैं जीवन समाप्त कर लूं,
दुःखो का मैं अंत कर दूं
पिताजी मेरे मास्टर हैं
देते हमेशा भाषण
आमदनी बहुत कम,
खर्चे से है नाक में दम
अपना भविष्य
संकट में नजर आता है
जीवन में हर तरफ निराशा है
कृपया ऐसा कोई उपाय बताएं
जिससे कुछ ही दिनों में हम ,
अधिक से अधिक धन कमाएं।
पंडित ने उस युवक को,

ऊपर से नीचे देखा।
फिर कुछ सोच कर बोला,
पहले तुम एक काम करो
ये एक बोरी आलू
इसका सौदा करो
बीस रुपए किलो बेचो
उसके आगे मर्ज़ी तुम्हारी।
इनको बेचकर मेरे पास आना,
आगे की बातें इसके बाद करना।
युवक ग़मों का मारा था
मुसीबतों से छुटकारा पाना था।
सो आलू लेकर बैठ गया
तीस के भाव में बेच गया
बाजार से ₹दस सस्ता था
आलू भी सबसे अच्छा था
दिया रुपए और पूछा उपाय
पंडित ने रुपए गिना
आधा अपने पास रखा
आधा दिया उसको
मेहनत से बनती है हाथों की लकीरें ,
हर सफलता की सीढ़ियां चढ़ती है लकीरें।
जितना तुम मेहनत करोगे,
उतना फल पाओगे।
ईमानदारी पर चलकर ,
दुनिया में नाम कमाओगे।

50. सूरज का खत

एक दिन सूरज और चन्द्रमा,
जा रहे थे दोस्त के घर दावत खाने को
मां आदिति से कहा
आज मेरे लिए खाना मत बनाना,
दोस्त ने मुझे बुलाया है
तरह-तरह के पकवान खिलाने को।
मां ने बेटे से कहा,
तुम जा रहे हो दोस्त के घर दावत खाने को
मेरे लिए भी लाना
कुछ मिठाईयां खाने को।
सूरज और चंद्रमा ने हां कर ,
चल दिए दावत खाने को।
सूरज कोआ रही शर्म ,
मिठाई को चुराने में।
उधर चंद्रमा ने चुपके से
कुछ मिठाईयां जेब में डाली
मां के लिए खाने को।
जब दोनों घर पहुंचे,
मां ने सूरज से मांगा मिठाई खाने को
सूरज ने ना कर दिया,
विवशता दिखाई चुराने में।
मां आदिती को गुस्सा आया,
शाप दिया गोला आग का बन जाने को

लोगों से तू दूर रहे,
लोग घबराएँ तेरे पास आने में।
चंद्र तुरन्त मां के पास आया,
मिठाई दी खाने को।
मां का हृदय प्रफुल्लित हुआ,
दिया आशीर्वाद शीतलता और करुणा बरसाने को ।
लोग तुम तक पहुंचेंगे,
रिश्ता मामा का बतलाने को।
सूरज ने खत लिखा,
मां को यह बतलाने को-
मैं तेरे लिए चोरी न कर सका मां,
सच्चाई का साथ निभाने को।
नहीं दे सकता धोखा मैं,
अपना स्वार्थ निकालने को।
तेरा शाप भी मेरे लिए ,
वरदान बन जाएगा ।
अगर तू साथ दे मां,
तो मैं दुनिया को राह दिखाऊंगा।
आदिति को हुआ एहसास,
अपना आपा खो जाने का।
तुरंत किया सुधार,
और दिया आशीर्वाद विश्व को चमकाने का।
सूरज की गर्मी से लोगों का कल्याण होगा,
दुनिया में होगा सृजन।
दिनभर सूरज चमकेगा,
अपनी रोशनी फैलाने को।
शाम को चंद्रमा की शीतलता,

लोगों को राह दिखाने को।

51. पतझड़ के बाद

जीवन का यही सच,
पतझड़ के बाद बसंत।
दुःख के बाद सुख,
निराशा के बाद आशा।।
अगर न हो पतझड़ जीवन में,
तो आनन्द नहीं आता बसन्त में।
जीवन नीरस हो जायेगा,
मन निराशा में डुब जायेगा।।
पतझड़ का भी अपना महत्व हैं,
पुराने पत्ते गिर जाते हैं।
तरुण प्रफुल्लित हो जातें हैं,
लाल-हरे पत्तों का छोटी-छोटी श्रृंखला सजाते हैं।।
पतझड़ में गिरे पत्तों का भी अपना महत्व है,
गिरकर भी वे बेकार नहीं होते।
स्वंय को मिट्टी में मिलाकर,
नये पेड़ो के लिए खाद बन जाते हैं।।
ऋतुएं हमें बताती,
जीवन जीने की कला सिखाती
पतझड़ के बाद बसंत है,
जीवन का भी यही मंत्र है।।
अगर घोर अंधेरा हो जीवन में,
तो सफलता की सीढ़ी हैं तुम्हारे कदमों में
सब कुछ का समय निर्धारित है

पलक, जो खुल रही है।

रात के बाद दिन अभी बाकी है।
पतझड़ के बादल छंट जायेंगे,
घोर अंधेरा मिट जायेगा।
नया सूरज निकलेगा,
चारों ओर लालिमा बिखेरेगा।।
फिर बसंत आयेगा,
उजड़ी बगिया महकायेगा।
नये-नये फूल खिलायेगा,
आशा के दीपक फिर जलाएगा।।

52. मौन प्रार्थनाएं

चारों ओर हाहाकार मचा हुआ था,
हर व्यक्ति अपने में डरा हुआ था।
किसी को कुछ समझ में नहीं आ रहा था,
बस ईश्वर से मौन प्रार्थनाएं किए जा रहा था।।
वक्त ने गजब सितम ढाया था,
पूरे विश्व में कोरोना को फैलाया था।
दुनिया के लोग डर गए थे,
घर में सब छिप गए थे।।
व्यक्ति को व्यक्ति से डर लग रहा था,
दूर रहकर बातें कर रहा था।
सम्बन्धों को ताक में रखकर,
अपने जीवन की हिफ़ाजत कर रहा था।।
फिर भी डर व्याप्त था,
चारों ओर कोविद-19 का कहर था।
मौन प्रार्थनाएं हो रही थीं।,
घर के भीतर ही साधनाएं हो रही थीं।।
स्कूल बंद, कॉलेज बंद, बाजार बंद,
ऑफिस बंद, सारे के सारे कार्यालय बंद।
यहां तक की सरकारी सेवाएं भी ठप हो गईं,
बस, रेलगाड़ियां, और हवाई सेवा भी बंद हो गईं।।
लोगों का घर से निकलना मुश्किल हो गया था,
खाद्य-पदार्थों मिलना मुश्किल हो गया था।
अधिकतर लोग बेरोजगार हो गए थे,

दाने-दाने को मोहताज हो गए थे।।
किसी को कोई रास्ता समझ नहीं आ रहा था,
सिवाय ईश्वर का दूसरा सहारा नजर नहीं आ रहा था।
पर मंदिर का भी कपाट बंद हो गया,
लोगों में संघर्ष के दौर शुरू हो गया ।।
डॉक्टर लोगों को बचाने में लगे हुए थे,
सफाई कर्मी कोरोना को भगाने में लगे हुए थे।
पुलिस दिन-रात घूम-घूम कर सबको कोरोना के बारे में बताती थी,
लोगों को जीवन रक्षा के लिए उपाय बताती थी।।
बाहर काम-धंधे की तलाश पर गए लोग,
अपने घर जाना चाहते थे।
अपने परिवार को कोविद-19 से बचाना चाहते थे,
कोई सहारा नज़र नहीं आ रहा था।।
काम-धंधे सब बन्द हो गए थे,
रुपए-पैसे सब खत्म हो गए थे।
पैदल ही घर तरफ़ निकल पड़े थे,
ईश्वर का नाम लेकर आगे बढ़ रहे थे।।
प्रशासन का सरदर्द बना,
कैसे इनको घर पहुंचाया जाए।
कैसे इनके खाने का प्रबंध कराया जाए,
कैसे इनको कोविद-19 मुक्त कराया जाए।।
प्रशासन ने कमान संभाली,
सब को उनके घर तक पहुंचाया।
लोग मदद को आगे आए,
गरीबों और बेसहाराओं को खाना खिलाए।।
सभी को ईश्वर में विश्वास है,

मौन प्रार्थनाओं का साथ है।
मानव को कोविद-19 से लड़ रहा हैं
जिन्दगी की दौड़ में आगे बढ़ रहा है।।

53. अगर तुम साथ हो

अगर तुम साथ हो, अगर तुम साथ हो।
जलती हुई धूप में छांव हो तुम,
अकेले में भी, भीड़-भाड़ का एहसास हो तुम,
तुम्हारे साथ में कभी तन्हा नहीं होती,
डर नहीं लगता जब तुम्हारे साथ मैं होती,
जीवन की हर खुशियों का इलाज हो तुम,
अगर तुम साथ हो, अगर तुम साथ हो।
तन्हाई में भी तुम्हारी याद मेरे साथ होती,
नहीं लगता डर जब खामोशियां साथ होती,
लड़ सकती हूं मैं तुम्हारे लिए दुनिया से,
बस एक बार कह दो तुम मेरे साथ हो।

54. आजकल का समय

आजकल का समय,
कुछ इस कदर बदल रहा है।
कौन किससे खुश है,
कौन किससे नाराज़ ?
इसका अंदाज कर पाना,
बड़ा मुश्किल प्रतीत हो रहा है।
अश्रु को देखकर,
लोग भावुक हो जाते हैं।
पर ये बहता हुआ आंखों का अश्रु ,
कुछ अलग इतिहास रच रहा हैं।
कालचक्र कोरोना वायरस का चल रहा है,
हर दिल में कुछ ना कुछ दर्द दे रहा है।
हर व्यक्ति को अपना दर्द अधिक,
दूसरों का दर्द कम लग रहा है।
आजकल का समय,
कुछ इस कदर बदल रहा है।
अभी तो जंग शुरू भी न हुई,
सबने हथियार डाल दिया।
कोरोना से लड़ने को कौन कहे,
सबने अपने आप को उसमें ढाल लिया।
आजकल का समय,
कुछ इस कदर बदल रहा है।

55. ख्वाब

ऐ बेगम,
तू मेरी समझ के परे है।
फिर भी मेरी हर सांस में,
तेरा ही लय है।
जब मैं बंदगी कर रहा था,
ख़्वाजा की।
ख़्वाजा ने पूछा,
बता तुझे क्या चाहिए ?
मैंने कहा,
जन्म देने वाले वालिद भी,
कुछ समय पश्चात् मझधार में
छोड़ देते हैं।
बच्चे भी कुछ समय पश्चात
अपनी माशूका के साथ चल देते हैं।
रिश्तेदारों को फुरसत कहां,
मेरे ग़म में शामिल हों ।
तू देना ही चाहता है,
ऐ मेरे ख़्वाजा।
तो मुझे एक,
अदब बीबी दे ।
जो अन्तिम क्षण तक,
मेरा साथ निभाएं।
मेरे मरने के बाद भी,

जन्नत में भी मेरे साथ आये।
भले ही दिन-रात,
घर में कलह हो।
पर दिन ढलते-ढलते,
सुलह होये।
भले ही वह पढ़ी-लिखी न हो,
पर समझदारी में,
उसके बराबर कोई न हो।
घर को संवार कर,
जन्नत बना दे।
मेरे हर दर्द को,
अपनी मोहब्बत से कम कर दे।
बस यहीं एक,
ख़्वाब है मेरा।
देना चाहता है मेरे ख़्वाजा,
तो बस इस ख़्वाब को पूरा कर दें।

56. शांति

एक अजीब सी शांति शहरों में छाई,
हर तरफ मौत की परछाई है।
कोरोनावायरस ने आतंक फैलाया,
हर तरफ उसका ही खौफ छाया।
पता नहीं कब, कौन उसका शिकार बन जाएं,
अपनों से दूरियां बनाना पड़ जाएं।
अकेले ही कोरोनावायरस को हराना है,
शांति के साथ उसका स्वरुप मिटाना है।
गुलज़ार होती थी जो गलियां,
रात के अंधेरे में भी।
अब दिन में भी वहां,
अजीब सा सन्नाटा है।
लोगों की भीड़-भाड़ से,
जो बाजार गुलज़ार रहते थे।
अब वहां की सुनी सड़कें बता रही हैं,
शांति के साथ जीवन को रुक जाना है।
हौंसला टूट गया मनुष्यों का,
जब कोरोनावायरस का हुआ आगमन।
एक-दूसरे से दूर हो रहे थे,
कोरोनावायरस के शिकार हो रहे थे।
अब कोरोनावायरस को भगाना है,
बाजार में पहले जैसी चहल-पहल लाना है।
एक-दूसरे को हिम्मत बंधाना है,

नया जीवन जीने का जोश जगाना है।
शांति के साथ-साथ जीवन को,
फिर अपनी रफ़्तार में लाना है ।

57. दादी मां

न कोई अपना,
गांव की अंतिम छोर पर बंगला है दादी मां का।
ज़्यादा बूढ़ी नहीं हैं,
पर सबसे ज्यादा पूजनीय हैं।
बच्चें बहुत पसंद करते हैं,
प्रेम से दादी मां कहते हैं।
गांव के हर छोटे-बड़े कामों में,
उनका आना है ज़रुरी।
बिना दादी मां के,
कोई रस्में ना होती पूरी।
बड़ी से बड़ी कठिनाइयों का,
चुटकी में हल कर देती।
बच्चों को भी हमेशा,
अच्छी शिक्षा देती।
आगे पढ़ने-लिखने के लिए,
शहरों में इंतजाम कर देती।
अगर न होती दादी मां,
शायद कोई बच्चा पढ़ता।
शिक्षा के अभाव में,
गांव में अंधविश्वास रहता।
पर जबसे दादी मां ने,
गांव की बागडोर संभाली।
दिन पर दिन तरक्की होती,

हरियाली चारों ओर कर दी।
अब तो पानी की भी पूरी व्यवस्था है,
हर घर में रोशनी कर दी।

58. कांटों वाले गुलाब

कांटों वाले गुलाब को देखकर,
मन भाव-विभोर हो गया।
कोमल-मुलायम गुलाबी,
गुलाब की पंखुड़ियां।
उस पर से गुलाब की,
भीनी-भीनी खुशबू।
हाथ लगाने मात्र से ही,
टूटकर मुरझाकर बिखकर जाती हैं।
जो हमें बताती हैं,
जीवन का राज सिखाती हैं।
खुशियां भी गुलाब की,
पंखुड़ियों की तरह हैं।
जब हम बहुत खुश होते हैं,
उसके बाद बहुत ही रोते हैं।
खुशियां भी गुलाब की खुशबू की तरह,
उड़ जाती हैं।
पर खुशियों की महक,
यादों की तरह साथ निभाती हैं।
गुलाब के साथ ये कांटे,
हमें बहुत कुछ सिखातें हैं।
कांटों से भरा,
ये जीवन हैं।
यहां खुशियां थोड़ी,

ज़्यादा ग़म हैं।
जो ग़म के साथ,
जीवन जीना सीख लें।
सही मयाने में,
जीवन उसका ही सफल हैं।

59. मेरा प्यार

कभी इज़हार नहीं किया,
कभी इन्कार नहीं किया।
पर हर तरफ तुम ही नज़रों आते हो,
दिलों-दिमाग में बस तुम ही छाए रहते हो।
नज़रें तुम्हें ढूंढती हैं हर तरफ,
बेचैनी सी छाई रहती हैं ख्यालों में।
एक पल जो आंखों से ओझल हो जातें हो,
जिन्दगी थम सी गई ऐसी हालत होती हैं।

60. नारी

माटी को जोड़ कर ईंट बना दिया,
ईटों को जोड़कर मकान बना दिया।
मनुष्यों ने रहकर मकान को घर बना दिया,
नारियों ने उस घर को स्वर्ग बना दिया।
हे नारी तुम महान हो,
हे नारी तुम महान हो।
तुम्हारे लिए,
दिन-रात नहीं होता।
सुबह से जो तुम्हारा कार्य शुरू होता,
रात में जाकर भी खत्म ना होता।
हे नारी तुम महान हो,
हे नारी तुम महान हो।
तुम्हारे काम करने घंटे नहीं गिने जाते।
मजदूर भी आठ घंटे की मेहनत के बाद,
रात भर आराम करता।
पर नारी के लिए,
आराम, हराम हैं।
हे नारी तुम महान हो,
हे नारी तुम महान हो।
माता-पिता की लाडली होती हैं,
सबका दुःख दूर करती हैं।
गृहकार्य में परंगत होती हैं,
ससुराल की जिम्मेदारी उठाती हैं।

फिर भी मुख से,
उफ़ ना करतीं हैं।
हे नारी तुम महान हो,
हे नारी तुम महान हो।
समय बदलता हैं,
युग बदलते हैं।
लोगों में भी बदलाव आया है,
मनुष्य चांद पर हो आया हैं।
पर तुम्हारा प्रारब्ध,
वैसा ही रह जाता है।
जैसे वर्षों पहले था,
आज भी बिल्कुल वैसा ही हैं।
बस फर्क सिर्फ इतना हैं,
पहले कर्मक्षेत्र घर के भीतर था।
अब खुले आसमान के नीचे भी,
अपने कर्तव्यों डेरा है।
हे नारी तुम महान हो,
हे नारी तुम महान हो।

61. कार्टून

आज कार्टून बन गया हैं इन्सान,
कोरोना से डर गया हैं इन्सान।
पहले तो ऐसी हवा ना थीं,
अब खुली हवाओं से भी डर गया इन्सान।
अपने ही घर में कैद होकर,
सब कर्मों से विमुक्त हो गया इन्सान।
पहले कर्म करते थे जीने के लिए,
अब आराम करते हैं मौत से बचने के लिए।
पहले तो टीवी देखने की फुर्सत ना थीं,
अब बच्चों के संग कार्टून में रम गया इन्सान।
आज कार्टून बन गया हैं इन्सान,
कोरोना से डर गया हैं इन्सान।

62. विलंब

हर तरफ खुमारी छाई हुई थी,
लोगों की नज़रें अलसाई हुई थीं।
कोई काम समय पर हो नहीं रहा था,
सभी लोगों में बेईमानी छाई हुई थी।
सभी एक-दूसरे को धोखा दे रहे थे,
अपनी चालाकी पर खुश हो रहे थे।
पर किसी को ज़रा भी इल्म़ ना था,
ऊपर खुदा ने कुछ और ही खेल रचा था।
अपनी हरकतों का हिसाब चुकाऐ बिना,
जन्नत तो क्या जहन्नुम में भी जगह नसीब नहीं होगी।
शायद लोग कुछ ज्यादा होशियार हो गये,
अपनों का भी इस्तेमाल स्वार्थ के लिए करने लगे।
अब प्रकृति ने प्रहार किया,
कोरोनावायरस को चारों तरफ फैला दिया।
वर्षों की कमाई पूंजी,
कुछ क्षण में खत्म हो जाती हैं।
धन-दौलत और ज़मीन की तो बात छोड़ो,
अपनों से भी जुदाई हों जाती हैं।
कौन अपना हैं! कौन पराया?
अब ये कहना मुश्किल है।
जिसका प्रत्येक काम हो जाएं,
उसका ही जीवन उत्तम हैं।
अभी भी समय हैं,

गलती से तौबा करने का।
अब विलंब क्यों करना,
नेक मार्ग पर चलने का।

63. वो पानी की बूंदें

वो पानी की बूंदें,
जो टप-टप करते नीचे की ओर आ रही थी।
सूखी पड़ी धरती की,
बरसों से प्यास बुझा रही थी।
वो पानी की बूंदें,
जब गिरती हैं पेड़-पौधों के ऊपर।
सुखे पेड़ हरे हो जाते,
हरियाली छा जाती हैं पत्तियों पर।
वो पानी की बूंदें,
जब गिरती हैं मनुष्य के ऊपर।
तन भीग जाता हैं,
मन तृप्त हो जाता हैं उस निर्मल जल से।
वो पानी की बूंदें,
जब गिरती हैं स्वाती नक्षत्र में,
सीप के मुंह में जाकर,
कीमती मोती बन जाती हैं।
वो पानी की बूंदें,
जब गिरती हैं रेगिस्तान में।
तालाब-पोखर बन जाते हैं,
सृजन होता हैं बंजर भूमि में।।
वो पानी की बूंदें,
जब गिरती हैं खेत-खलियानों में।
फसलें लहलहाती हैं खेतों में,

हरियाली छाती धरती पर।।

64. लेखक का दुःख

पहले तो लोग पढ़ते थे किताबों को,
अब ऑडियो वीडियो का जमाना है,
किसके पास फुर्सत है कि
पढ़ें इन किताबों को,
अब समय का यह अफसाना है।
अब लोग चाहते हैं,
2 शब्दों में कह दी जाए पूरी कहानी,
समय क्यों बर्बाद करना है??
बच्चों का भी कहाँ लगता है मन पढ़ने में,
बस आउटलाइन तक जाना है।
एक लेखक का दर्द,
कोई समझ नहीं सकता,
जिस के दिलों में अफसानो का ठिकाना है,
उन अफसानों से लिखती है किताबें,
पर अब उनका नहीं कोई ठिकाना है।

65. अहसास-ए-दिल

पूर्वी कुमार

पूर्वी कुमार पेशे से एक शिक्षाविद हैं, जो विगत २० वर्षों से दिल्ली के प्रसिद्ध स्कूल गंगा इंटरनेशनल स्कूल के कंप्यूटर साइंस विभाग में कार्यरत हैं। साथ में वे एक मास्टर ट्रेनर भी हैं तथा कई संस्थानों में जैसे सीबीएसई, एनसीईआरटी, एससीईआरटी, एनआईओएस में रिसोर्स पर्सन की तरह भी जाती हैं। उन्होंने तकनीकी क्षेत्र में कई पुस्तकों का प्रकाशन भी किया हैं, जो दिल्ली गवर्नमेंट स्कूल में कक्षा 6 -10 तक के पाठ्यक्रम में शामिल है। उनकी लाइव क्लासेज भी इ-विद्या पर चलती हैं। मास्टर ट्रेनर के तौर पर उन्होंने दिल्ली तथा गुजरात के गवर्नमेंट टीचर्स को भी ट्रेन किया हैं। उन्हें मन के भावो को शब्दों में पिरोने का शौक बचपन से है। तकनिकी पुस्तक लिखने के साथ-साथ वो मन को

छु लेने वाली कवितायें भी लिखती है, जो कि इंटरनेट पर नवयुवको में बहुत प्रसिद्द हैं।
-डॉ अनुपमा श्रीवास्तव

66. नए सवेरे का खूबसूरत पैगाम

देखो, नए सवेरे का यह खूबसूरत पैगाम है,
चलो पकड़ ले सूरज को अपनी मुट्ठी में,
चलो जकड़ ले उम्मीदों के कुछ बादलों को मुट्ठी में,
कुछ भीनी हवाओं को भी तो पकड़ना है,
कल के अधूरे कुछ ख्वाबो को भी तो पूरा करना है,
देखो, नए सवेरे का यह खूबसूरत पैगाम है!
नए दिन-नए सवेरे का यह एक खूबसूरत पैगाम है,
सूरज की कुछ किरणो को अपनी मुट्ठी में पकड़ना है,
उम्मीदों के कुछ बादलों को अपनी मुट्ठी में जकड़ना है,
कुछ भीनी भीनी हवाओं को भी तो पकड़ना है,
कल के अधूरे कुछ ख्वाबो को भी तो पूरा करना है,
नए दिन-नए सवेरे का यह एक खूबसूरत पैगाम है!

67. यादों के झरोखे

आज झांक कर देखा यादों के झरोखे से,
गुजरे हुए कुछ मीठे लम्हे मुझको देख कर मुस्कुरा रहे थे!
मैंने भी मुस्कुरा कर शिकायत में पूछा कहाँ तुम चले गये थे?
क्यूँ नहीं रहते तुम आजकल मेरे आस-पास ?
उन बीते हुए लम्हों ने प्यार से मेरे सिर को सहला कर कहा,
हम तो हमेशा तुम्हारी यादों में हैं, जब भी चाहो आँख बंद कर लेना,
हमको पाओगे तुम हमेशा अपने आस-पास....

68. माँ-पापा

सुना है माँ पापा किसी के कहीं जाते नहीं हैं .....
वोह हमारे दिल रूपी आकाश में हमेशा के लिये रह जाते हैं!
सूरज बन कर अगर दिन को रोशन करते हैं,
तो तारे बन कर अंधेरी रात में हमको रोशनी दिखाते हैं!
सुना है माँ पापा किसी के कहीं जाते नहीं हैं .....

69. प्रिय सपूत

अपने प्रिय सपूत को खोकर माँ भारती का दिल टूटा होगा.....
आकाश भी रोया होगा और बादल भी सो ना पाया होगा....
सूरज भी घबराया होगा और चंदा भी शर्माया होगा.....
तारे भी चमकना भूले होंगे और हर फूल दुःख में मुरझाया होगा.
आज ज़िंदगी को हरा कर भी, काल का हृदय तो दहला होगा...
अपने प्रिय सपूत को खोकर माँ भारती का दिल टूटा होगा.....

70. ए ज़िंदगी कुछ तो बता मेरी खता क्या है.....

ए ज़िंदगी कुछ तो बता मेरी खता क्या है.....
रास्ते इतने धुंधले, हमसफ़र खामोश और मंजिलें इतनी तन्हा क्यूँ है......
जमीन से फ़लक तक हर तरफ पसरा यह वीरान सन्नाटा क्यूँ है,
ए ज़िंदगी कुछ तो बता मेरी खता क्या है.....
गर है मेरी खता तो फिर मेरी सज़ा क्या है,
ए ज़िंदगी कुछ तो बता तेरी रजा क्या है.....
ए ज़िंदगी कुछ तो बता-मेरी खता, तेरी रज़ा और मेरी सज़ा क्या है

71. ए मौत हमें ना डरा

ए मौत हमें ना डरा क्यूंकि हमने जिंदगी से एक वादा है किया
हर पल को पिछले पल से बेहतरीन बनाने का इरादा है किया
जिंदगी के हर शबे गम को तब्सुम-ए-गुलजार में बदलने का ख्वाब है .....
जिंदगी के हर कारवां को उसकी मंजिल से मिलाने का जुनून है
हर जफा की जंग को अपनी वफ़ाओ से फतेह करने की है आरजू .....
ए मौत हमें ना डरा क्यूंकि हमने जिंदगी से एक वादा है किया
एक वादा है किया.............................इरादा है किया

72. माँ की दुआओं से बड़ी कोई शक्ति नहीं होती!!

माँ की दुआओं से बड़ी कोई शक्ति नहीं होती,
माँ की सेवा से बड़ी कोई भक्ति नहीं होती,
यह दुनियां इतनी खूबसूरत और यह जिंदगी इतनी आसान नहीं होती,
ए मेरी माँ, अगर तू मेरी जिंदगी में न होती ....
सर्दियों की यह धूप इतनी गुनगुनी न होती,
सावन की यह फुहार इतनी सुहानी न होती,
ए मेरी माँ, अगर तू मेरी जिंदगी में न होती ....
चिड़ियों की चहचहाट इतनी सुरीली न होती,
बसंत की यह ऋतु इतनी खूबसूरत न होती,
ए मेरी माँ, अगर तू मेरी जिंदगी में न होती ....
तारों की चमचमाहट इतनी चमकीली न होती,
फलों की मिठास इतनी मीठी न होती,
यह दुनिया इतनी खूबसूरत और यह जिंदगी इतनी आसान नहीं होती,
ए मेरी माँ, अगर तू मेरी जिंदगी में न होती ....

73. कैसे बताऊँ

तुमको कैसे बताऊँ की तुम्हारी क्या जगह है मेरी ज़िंदगी में!
तुम्हारी छांव में ही तो खिलना सीखा मैंने,
तुम्हारी हिम्मत से ही तो जीवन के आकाश में उड़ना सीखा मैंने,
तुम्हारी सीख से ही तो जीवन के टेढ़े मेढ़े रास्तों पर सम्भलना सीखा मैंने,
आज़ मेरा वजूद, मेरा अस्तित्व सब तुम्हारी ही तो देन है

74. राह-ए -जिंदगी

राह-ए -जिंदगी में तमाम शौक फना हो गये .....
राह-ए-शौक में तमाम जिंदगी फना हो गयी .....
गलतफहमियों की कुछ इस तरह की आंधियां चली....
कि खुशियाँ हमको ढूंढती रही और हम सूकून-ए-जिंदगी को ढूंढ़ते रहे .....

75. ओम

ओम से शुरू और ओम पर खत्म,
शम्भु (स्व्यम्भू)ही आदि हैं तो शम्भु ही अनंत ,
महाकाल हैं शंकर, इसमें तू शंका ना रख,
पा ले शिव को , खुद को शिव में ही खो कर!

76. अधूरी ख्वाइशें

डॉ. अनुपमा श्रीवास्तव

डॉ. अनुपमा श्रीवास्तव शासकीय स्नातकोत्तर महाविद्यालय, गुना के अंग्रेजी विभाग में सहायक प्राध्यापक के पद को सुशोभित कर रहीं हैं । डॉ. अनुपमा श्रीवास्तव का जन्म इलाहाबाद, आज का प्रयागराज में हुआ एवं वहीं इनकी सम्पूर्ण शिक्षा हुई। अंग्रेजी साहित्य से स्नातकोत्तर करने के बाद इलाहाबाद सेंट्रल यूनिवर्सिटी से ही इन्होंने अपनी डॉक्ट्रेट इन फिलॉसफी अंग्रेजी साहित्य में पूरी

की। तत्पश्चात सवा तीन साल तक डॉ रिज़वी कॉलेज ऑफ़ इंजीनियरिंग के एप्लाइड साइंस विभाग में सहायक प्राध्यापक के पद को सुशोभित किया । लिखने का शौक इन्हें बचपन से ही था; किन्तु लेखनी में प्रवाह इन की २०१९ में आठ दिवस की ऋषिकेश यात्रा के बाद आया।ऋषिकेश यात्रा ने इनके अंदर की लेखनी में गंगा- सा निर्मल -प्रवाह भर दिया, जिस तरह जल की प्रकृति बहने की होती है वैसे ही इनके विचारों में भी धाराप्रवाह आ गया। इनकी कहानी संग्रह 'कहे-अनकहे' पिछले वर्ष अगस्त में प्रकाशित हुई जो बहुत लोकप्रिय हुई। राष्ट्रीय समाचार पत्र तथा मैगज़ीन में भी कहानिया और कवितायें छपती रहती हैं ।इन्हें लिखने के साथ ही समाज-सेवा करना भी बहुत पसंद है । डॉ. अनुपमा श्रीवास्तव कॉलेज में सहायक प्राध्यापक के साथ-साथ राष्ट्रीय सेवा योजना की कार्यक्रम अधिकारी भी हैं ।इसके अंतर्गत गांव -गांव जाकर महिलाओं तथा प्रौढ़ वर्ग के लोगों को उनके अधिकारों के प्रति जैसे साक्षरता, स्वास्थ, स्वछता, और अन्य सामाजिक कुरीतियों इत्यादि के बारे में जागरूक करने के लिए शिविरों का आयोजन कर रही हैं।

-डॉ अनुपमा श्रीवास्तव

77. कितना मुश्किल हैं??

कितना मुश्किल है?
एक ही छत के नीचे
कटु और मीठे संबंधों में
सामंजस्य बनाना,
हर रोज टूटे घड़े में
पानी भरने जैसा
एक दिन जैसे भर जाएगा वो घड़ा,
और इसी आस में ज़िन्दगी गुजार देना।।
कितना मुश्किल है?
भागते लम्हों में जिंदगी ढूंढना ,
न बीते कल का दुःख
ना आने वाले भविष्य की चिंता
बस पलकों पर सपने नए-नए सजाना
और फ़िर उन्हीं के टूटने पर आंसू बहाना
और ज़िन्दगी को अनर्गल बर्बाद कर देना।
कितना मुश्किल है?
रिश्तो को शिद्दत से निभाना
निजी स्वार्थ से परे
दूसरे की बात सुनना और सुनाना
अपने मन को मार कर
उनके अरमानों को अपना बनाना
फिर उन्हें स्नेहिल जीवन के लिए स्तंभ बनाना।।

पलक, जो खुल रही है।

कितना मुश्किल है?
लंबी गहरी रातों में नींद लाना
बंद आंखों में भी
अनगिनत दृष्योंका आना जाना
कितनों से ही रूठना और उन्हें मनाना
पर भावों के वेगो को कम ना कर पाना,
फिर अगली सुबह स्फूर्ति से दुनिया में रम जाना।।
कितना मुश्किल है?
रोते को हंसाना
पर अपने ही गम को कभी ना समझ पाना
भूली बिसरी यादों को याद करते -करते
खुद के ही दिल को दुखाना
फिर उसे रोता हुआ छोड़कर
दूसरे काम पर लग जाना
और घाव को नासूर बनाते जाना।।
कितना मुश्किल है?
खुद के लिए समय निकालना
स्वयं को ही कभी प्यार जताना
ना दिखने वाले जख्मों पर मरहम लगाना
लाखों की भीड़ में खुद को पहचानना
कभी अपने को ही हंसाना ।
और यूं ही हंसते- हंसते जीवन बिता देना।।

78. मानव की पुकार

मत सवांरो मुझे
अपनी धारणाओं
के रंग से,
संस्कृति, शिक्षा
सामाजिक मूल्यों से,
पुराने अनुभवों या
गुज़रे ज़माने की
कहानियों से,
भूत से, वर्तमान से
या फिर आने वाले
भविष्य की
कपोल धारणाओं से।
मैं कोई बीज नहीं,
जो फूल खिलाऊंगा
एक से।
मैं खुशबू भी नहीं
जो महकुंगा
जर्रे-जर्रे में;
मैं वो पानी भी नहीं,
जो निष्पक्ष बहेगा
नदी और नाले में।
मैं प्रकाश भी नहीं
जो खिलूँगा

पलक, जो खुल रही है।

हर अंधियारे में।
मैं वो बारिश भी नहीं,
जो बुझाये प्यास
तपती धरती की।
मैं मैं हूँ!
एक अदना इंसान हूँ
जो जीता है
सृष्टि के
हर कण में,
खुशियो में खुश,
दुःख में रोता हूँ,
साथ अपनों का
छूटे, तो विरह
में तड़पता हूँ।
जीवन के हर
क्षण का अनुभव
मैं खुद करता हूँ।
हर रंग ,
हर भाव,
जिन्दगी के
धूप-छाँव मुझमे।
मैं ब्रह्माण्ड का अंश
और ब्रह्माण्ड मुझमें,
बस इतना सा
तो है जीवन,
मत सवारो इसे
दूसरे की धारणाओं

के रंग से।

79. बहुत याद आती हो माँ!!

बहुत याद आती हो माँ
सुख से ज्यादा दुःख में
मुस्कुराहट से ज्यादा आंसुओं में
जीत से ज्यादा हार में
दिन से ज्यादा रात में
और हर उस पल में
जब मैं एकदम तन्हा होती हूँ
भीड़ में भी अकेली,
और अपनों के साथ बेगानी होती हूँ।
तब मैं ढूंढती हूँ तुम्हारा आंचल
तुम्हारे ममता भरे हाथ
तुम्हारा दृढ़ निश्चय
और बेइंतेहा प्यार मेरे लिए
निश्छल और निस्वार्थ
से भरा हुआ।
रिश्ते तो अभी भी बहुत है,
पर तुम सा कोई नहीं है माँ
अब मैं भी माँ हूँ,
तुम्हारे ही कदमों पर चल रही हूँ
और अपनी बेटी के लिए
मजबूत स्तम्भ बन रही हूँ।

80. घर और कोरोना

सालों बाद घर का इतवार देखा
आज मैंने फिर से छत के नीचे पूरा परिवार देखा।
भटकते थे खुशियों के लिए हम दर-बदर
आज अपने घर पर सुख का अंबार देखा।
मंजिलों की तलाश ने सोने कहां दिया,
रातें जग-जग कर तो ख्वाब देखा।
कोहराम मचा है बाहर कोरोना का
बस अब घर ही महफ़ूज़ बचा है।
रूठ जाते थे वह अक्सर हमसे
जाने क्या थी चाहत उनकी?
आज पहलू में बैठकर हमारे ,
चेहरे की चमक कुछ और थी उनकी।
सोशल होते -होते इतने दूर हो गए,
होटल और घर तो जैसे एक हो गये।
रिश्ते भी ई.एम.आई से चुभने लगे,
पास होकर भी दूर लगने लगे।
एक छोटे से वायरस ने तो देखो,
कैसे संसार बदला है,
जहां थी पहले ख़ुशी
अब वहां मौत का अम्बार लगा है।

81. अस्तित्व

वो और मैं,
दो आत्मा
सरोबार स्नेह से,
आत्मीयता से,
भावनाओ से।
कहना मुश्किल-
दो एक हैं
या एक ही बँटे
हैं दो में!
वो उज़ली किरण
मैं बहता प्रकाश,
वो मंद हवा
मैं महकता गुलाब,
पर धरती को छूते ही
मैं स्त्री वो पुरूष
वो धुरी
मैं परिधी,
नदी के दो किनारे,
हमेशा साथ
पर पास नहीं
मन एक
पर विचार नहीं।
अवसाद में घिरे हुए,

सत्ता के लिये
भिड़े हुए,
भूल कर कि
हम सृष्टि रचियता
कर्णधार जीवन के।
बिन एक दूज़े
हम अधूरे,
समाज
और संसार अधूरा,
पृथ्वी का
हर कोना अधूरा।

82. ज़िन्दगी

ज़िन्दगी
फूलो सी महकती,
सितारों से सजी ,
तिनके सी डूबती
उतराती,
कभी वेग से आसमान छूती
कभी पानी में गोते लगाती।
कभी दुख के बोझ से दबी,
कभी सुख में मुस्कराती
ज़िन्दगी एक अबूझ पहेली।।
ज़िन्दगी
कभी आसमान सी फैली हुई,
कभी खुद में सिमटती सी
कभी सब कुछ पाने की चाह
कभी खुद को खोने की इच्छा
उसे अपना बना लेने की या
फिर फ़ना हो जाने का मन
ज़िन्दगी हर पल
अधूरी सी।।
ज़िन्दगी
गम के कोहरे में फसीं सी
फिर भी हंसती हुई
हर कदम आगे बढ़ती हुई

एक पल का भी पता नहीं
फिर भी हज़ारो सपने
संजोती हुई
ज़िन्दगी
अनिश्चिताओं से भरी हुई।।

83. लव इन दि टाइम ऑफ़ कोरोना

प्रेम कहीं भी अंकुरित होता है
उपजाऊ हो या जमीन बंजर,
आसमान हो या धरातल,
रामराज हो या कोरोना आक्रमण,
इसका पुष्प तो पल्लवित होता है।
विश्व युद्ध भी इसे खत्म न कर सका
तकनीकि युग में यह और बढ़ा।
अब इंतजार कहां होता है-
कबूतर या डाकिए का,
बस अंगूठे से ही मिट जाती हैं दूरियां,
जैसा चाहो वैसा पाओ
रात जोड़ो सुबह हटाओ
नाम बदलो, रूप नया बनाओ
देश छोड़ो हर देश का पाओ।
कोरोना भी परणिति है इसी प्रेम की
जो कहता है-
खुद के लिए भी कुछ करो ना।
भाग-भाग कर थक गए हो
थोड़ा - सा तो ठहरो ना।
हजारों दोस्त है तुम्हारे
पर खुद को भी तो जानो ना।

नहीं हूं मैं घातक,
प्रकृति ने ही मुझे बनाया।
पड़ा था मैं तो किसी कोने में
बुलाया भी तो मुझे तुम्हीं ने!
अब आया हूं तो-
कुछ सिखा कर जाऊंगा,
स्व का पाठ तुम्हें पढ़ाऊंगा।
United we stand, divided we fall
का नया रूप दिखाऊंगा।
डरो मत! तुम ऐ इंसान
तुम्हें फिर से मैं प्रकृति का बना जाऊंगा।

84. कुछ दिन की तो बात है...

कुछ दिन की तो बात है,
ठहर लो ना घर में।
चलते-चलते थक गए होगे,
थाम लो ना कदम अपने
शामें सज रही है छतों पर
तुम भी हिस्सा लो ना उनमें
क्या देखने निकलते हो तुम ?
जब मौत का नजारा सजा हुआ है
पूरा देश ही नहीं बल्कि
संसार भी फंसा हुआ है।
घर से दूर वह-
बाजी लगा रहे हैं जान की,
थोड़ा तो उनके बारे में भी सोचो ना
यूं ही मन को बहलाने
सड़कों पर मत निकलो ना
ठीक हो जाएगा सब, बस
थोड़ा सा संयम बरतो ना।
तुम हुए इनफेक्टेड तो
घर कहां बच पाएगा ??
दोस्त तुम्हारा भी उसने शामिल हो जाएगा
जिस खुशी के लिए फिरते हो
हो जाओगी दूर उसी से,

और ना जाने कितने मरहूम हो जाएंगे।
बना लिया है खुशियां तुमने घर के बाहर ही
एक बार तो घर के बंद तालो को खोलो ना;
मां की ममता, पिता का प्यार
दो शब्द तो बीवी से भी बोलो ना
शामें कटती हैं ऑफिस में तुम्हारी सदा
चंद खेल तुम भी बच्चों के साथ अब खेलो ना।
कोरोना है एक विभीषिका!
इसका यह भी पहलू तो देखो ना।
मंद - मंद बहती हवाओं से
तुम भी मन की बात बोलो ना
घर को भरते-भरते अपने मन को भी तोलो ना...
ज़िन्दगी ना मिलेगी दोबारा
इस समय को जी लो ना।

85. प्रकृति की विविधताएं

रूप अनेक, रंग अनेक,
भिन्न-2 है सारे प्राणी
प्रकृति ने रचाई ये कैसी दुनिया
जिसमे विविधता है इतनी डाली।
हर जीव यहां मिलता है
माइक्रोस्कोपिक अमीबा से लेकर
व्हेल यहां पलता है।
शुतुरमुर्ग के साथ में रहती है
चिड़िया रानी।
छोटा सा टिड्डा
भी पीछे कहाँ रहता है,
बाज के साथ वह भी,
आसमान मे उड़ता है।
बड़ी मछली छोटी मछली खाती है
फिर भी साथ पानी में ही पाई जाती है।
शेर और हिरन पीते है
एक ही घाट का पानी
फिर भी शेर को देख
हिरन को आती है याद नानी।
सरवाइवल आफँ द फिट्टेस्ट
का सिद्धांत यहां चलता है,
पर सब को जीने का मौका
एक समान मिलता है।

मानव भी है एक अदना प्राणी
जो प्रकृति पर भी है भारी।
दोहन करना इसे अधिकार समझता है
स्वरचित मानकर इसे,
बहुत से अपराध करता है।
निरीह प्राणियों पर राज करता है,
जंगल काटकर उनमें वह वास करता है,
फिर टेरेस गार्डन बनाकर,
उन पर वह नाज करते हैं।
जरूरत से ज्यादा हर
चीज अपने पास रखता है,
पर वक्त आने पर
समय का मोहताज रहता है।
प्रकृति ने भी कब है हार मानी,
जब चाहे मानव के
छक्के छुड़ा देती हैं
सुनामी और भूकंप लाकर
अपना रोष जता देती है
कोरोना वायरस बनाकर,
घुटनों के बल टिका देती है
इलाज ना देकर
उसे और गंभीर बना देती है।
गर्वीले मानव को
अपने सामने झुका देती हैं।
यह संघर्ष आज का नहीं
सदियों से चल रहा है
जब से आया मानव पृथ्वी पर

तब से ही वह लड़ रहा है।
पहले चेचक और हैजा
लेते थे जान। अब कोविड- 19
आया है एक नया नाम।
वह भी हारेगा
मानव का परचम फिर फहराएगा,
पर तब तक थोड़ा सा रखना होगा ध्यान
और बनना होगा ज्यादा संवेदनशील
मानना होगा प्रकृति के बनाए नियम
और स्वयं को इसका एक अभिन्न अंग।

86. नज़ारा

अपने पूरे पेट के साथ
कर रही थी इंतजार
डॉक्टर चेंबर के बाहर
अपने नंबर आने का,
बड़बड़ा रही थी
कभी पति पर,
कभी नर्स पर,
तो कभी बिना मास्क लगाए परिजन पर,
हां और अंदर बैठी डॉक्टरनी पर भी
जो लंबी लाइन लगवाती है
गर्भवती महिलाओं को भी घंटों इंतजार करवाती हैं ,
वाक्य पूरा होता नहीं
पर्चा पूरा भर जाता है
और कुछ समय बाद आ कर
हाल बताने की हिदायत।
उदास मन के साथ
आ खड़ी हुई खिड़की के पास,
अंदर से ऊबकर
बाहर देखने को नया कुछ,
एक और बिल्डिंग नर्सिंग होम की बन रही है,
तेजी से अस्पताल बढ़ाने की कवायद चल रही है,
बहुत से मजदूर अपनी पत्नी के साथ
लगे हैं काम पर,

पलक, जो खुल रही है।

अर्धनग्न बच्चे उनके खेल रहे हैं रेत पर,
शायद आधे भरे पेट के साथ...
तभी हाफँती एक मजदूरनी
आ बैठी उस रेत पर
अपने पूरे पेट के साथ,
शायद इंटे ढ़ो रही थी
थी पसीने से तरबतर
पेट फूला था तरबूज सा
जिसकी थी ना उसे कोई फिकर
दो घड़ी सुस्ता कर
लग गई वह वापस काम पर,
आठ किलो पेट के साथ
दस इंटे उसके सर पर अब;
देख कर उसके कृत्य को
कांप गई मैं अंदर तक,
एक सेकंड में ही नजारा बदल गया
सब कुछ अंदर का अब भला लगने लग गया,
आ गई समझ में सीख जिंदगी की-
है जिसके पास सब कुछ
वही ढूंढता है कमी,
जबकि जिसके पास है हर कमी
वही है सही मायने में सुखी।।।

87. हे ईश्वर!! अब तो रहम कर

हे ईश्वर!!
अब तो रहम कर.
क्षमा कर हर अपराध को,
भूल जा हर पाप को
जाने-अनजाने
फेहरिश्त में कुछ
रोज नया जोड़ते गए ।।
उजड़ रहे हैं घर,
अनाथ हो गए मासूम बच्चे,
हाथ की मेहंदी मिटी भी ना थी
माथे का सिंदूर मिट गया;
जवान बच्चों को दे रहे
हैं बूढ़े मां-बाप कंधे ।।
कुछ भी नहीं रुका है,
चल रहा है यह जग।
बिना आवाज. बिना शोर
कट रहा है हर रोज।
खुशियों से ज्यादा गम हैं ,
हर इंसान की आंखें नम हैं ।।
अब तो बंद कर कहर अपना
दर्द कर दे कम से कम,
और शांत कर दे हर बेचैन मन।

पलक, जो खुल रही है।

हे ईश्वर!!
सुन ले अब तो मानव की विनती
और माफ़ कर दे हर उसकी गलती।।

88. रिश्तों का सफर

वह कहते हैं मुझसे
"तुम नाहक ही बुरा मान जाती हो,
छोटी-छोटी बातों को दिल से लगाती हो,
खुद भी दुखी होती हो और मुझे भी रुलाती हो।"
सच है यह, मैं हर बात को दिल से लगाती हूं
क्योंकि मैं दिमाग से घर नहीं चलाती हूं ।
अपना समझ कर सबको
हर फर्ज निभाती हूं ।
चुभती है हर वो बात मुझे
जो तुम्हें दिखती भी नहीं;
रोती हूं मैं हर उस प्रसंग पर
जो सच में होता ही नहीं।
बेटी से बहू बनने का सफर
इतना लंबा होता है
कि कभी-कभी एक ज़िन्दगी
में पूरा होता ही नहीं।
कितनी भी तैयारी करके चले कोई,
पर रास्ते में भूलें हो जाती हैं कई ।
सोचती हूं, बहु से सास का सफर
लंबा होता होगा!
जो मुझमें वो ढूंढती है; किसी और
ने भी उनमें ढूंढा होगा ।
ना मिलने पर वह भी

कोसी गई होंगी।
शब्दों के वाणों को झेला होगा ,
जख्म नासूर बने होंगे,
जीवन का एक बड़ा हिस्सा
सिर्फ दर्द में बीता होगा।
क्या ये वही कड़वाहट है
जो हर नई बहु पर निकलती है
और पीढ़ी दर पीढ़ी यूं ही चलती है
या फिर हर लड़की में कमी है इतनी???

89. जेंडर रोल

घर से निकली थी
कंधे से कन्धा मिलाने
हर भेद को मिटाने
बहुत दूर तलक ना जा पाई
माँ! माँ! पीछे से आवाज़ आई
कहाँ हो माँ? कबसे ढूंढ रही ?
हर पल मैं बेचैन रही
कितनी देर लगा दी आने में
और यह सुन वापस लौट गई
बच्चो को दुलराने।
चली दोबारा जब
थोड़ी दूर का सफर किया और तय
तभी पति ने याद किया
घर पर रहने की फ़रियाद किया
लगता था तन्हा उन्हें
अपने साथी के बिना घर में
और वापस फिर एक बार आई।
इस बार दोनों को समझा दिया
सपने पूरे करने का बीड़ा लिया
कुछ दूर ही पहुंची थी
कि आवाज़ आई
बहु जायेगी घर से बाहर
कौन रखेगा सबका ख्याल??

पलक, जो खुल रही है।

सुबह की चाय, नाश्ता और खाना
साथ में है घर भी सजाना |
घर का कोना-कोना टोकता है
हर कोई सवाल पूछता है।।
बच्चो के नंबर कम आएंगे
तो भी सब आँख गड़ायेंगे,
गलती से हो गया कोई बीमार
सहने पड़ेंगे दंश हज़ार।।
फिर भी सब यही कहते हैं-
पति-पत्नी दो पहिये एक गाड़ी के
साथ उठाना है बोझ उन्हें
मिलकर चलो मिलकर उठाओ
जीवन में संतुलन लाओ
पर सुनो- ए स्त्री
साथ में अपना जेंडर रोल निभाओ
और बाद उसके
कंधे से कन्धा मिलाओ।।

90. अये संडे! मुझे आज हर पल जी लेने दो।

बहुत दूर से आई हूँ
परिवार से मिलने,
दौड़ती- भागती जिंदगी से
चुराकर कुछ लम्हे।
तुम्हें बीतने की पड़ी है
और मुझे हर लम्हे जीने की
बच्चों के साथ खेलने की
पति के साथ दो पल जीने की
सास - ससुर का भी
हालचाल लेने की।
छः दिनों के लंबे इंतजार
के बाद तो तुम आते हो,
और 24 घंटे में ही
बीत जाते हो।
कह नहीं पाती,
कर नहीं पाती
अपनी इच्छाओं से
मैं तुम्हें जी नहीं पाती।
थोड़ा ठहरो थोड़ा थमो
थोड़ा - सा मुझे भी तो जी लेने दो।
आंखों को बंद करके
बिस्तर पर यूं ही पड़े रहने दो।

पलक, जो खुल रही है।

थोड़ा तुम रुक जाओ,
थोड़ा मैं ठहर जाऊं
दो चार बातें मुझे
खुद से भी कह लेने दो।
अपने मन को भी तो
खुश कर लेने दो।
हफ्ते के हफ्ते निकलते हैं
,
हम कभी खुद से कहां मिलते हैं?
बस दुनिया की चमक में खोए रहते हैं
आज मुझे भी अपने मन की कर लेने दो
अये संडे! मुझे आज हर पल जी लेने दो।

91. दर्द कामकाजी महिलाओं का

ज़िन्दगी की चाल कुछ थमी-थमी सी हैं,
मंजिलें पा ली हैं फिर भी कुछ कमी सी हैं
बेड़ियों में भी मुक्त रहने वाली नारी
आज खुली हवा में भी बंधी-बंधी सी हैं।
घर से निकली थी सोच कर
नई दुनिया बसाऊंगी
उन्मुक्तता के पेड़ लगाऊंगी
पहचानी जाऊंगी अपने नाम से
होगी कदर मेरी भी मेरे काम से।
आज सब कुछ हैं मेरे पास
नाम, पहचान
काम और घर भी;
नहीं हैं तो बस
मेरा परिवार;
जिसे छोड़ आई पिछले शहर में।
दिन यहां भी होता हैं
रात यहां भी गुजरती हैं
पर मन हमेशा घर में ही होता हैं।चिंता तब भी करती थी
चिंता अब भी करती हूँ,
पहले पीछे-पीछे घूमती थी
अब वीडियो-कॉल पर पूछती हूँ,
आवाज़ से ही उनके हाल को भाप लेती हूँ

पलक, जो खुल रही है।

अपने मन को मार कर
उन्हें हँसा लेती हूँ।
दर्द समझ ना जाए वो मेरा
इसलिए हर पल मुस्कुराती हूँ,
नई-नई बातें करती हूँ
कभी कॉलेज की
कभी कलीग की
तो कभी थोड़े-थोड़े परिचित होते शहर की।
नहीं बयां करती तो बस अपने दिल की
अपनी निराशाओं की
अपने दुःख की
जो दूर रहकर दिल में एक हूक उठती हैं
बच्चे को अंग से लगाने की जो कूक उठती हैं।
मंडे से सैटरडे बीत जाता हैं इंतज़ार में
एक संडे ही तो हैं
जो बाँध देता हैं परिवार में।
ये परिवार ही तो हैं
जिसके लिए इंसान हर पल खटता हैं
खुद को तोड़कर
परिवार जोड़ता हैं।
हैं कामकाजी महिलाओं का बस यही दर्द
मन आधा ऑफिस, तो आधा घर में होता है।

92. ख्वाहिशें

चंद ख्वाहिशों के साथ है ज़िन्दगी सुनहरी,
पर हमने ज़िन्दगी को कभी ना खत्म होने वाली रेस बना ली।
अंतिम साँस भी अब अधूरी हसरतों को याद करती है,
फिर से ज़िन्दगी जीने की फरियाद करती है।
खुश नसीब हैं वो जिन्हें मिलता है वक्त इतना सोचने का!
वरना अब तो जवानी भी आखिरी सांस लेती है।
ज़िन्दगी का पड़ाव यह सोचकर पूरा करता रहा
अगले पड़ाव मे लूंगा जीवन का मजा;
पर हर बार जीवन और उलझता रहा,
दो-चार ख्वाहिशें ज़िन्दगी की फेहरिस्त मे जोड़ता रहा।
ख्वाहिशें कभी कहां पूरी होती हैं...?
यह तो दूसरे की जननी होती हैं,
एक पूरी करो तो दूसरी सामने खड़ी होती हैं।
आज जब घर पर बैठा हूं लॉकडाउन में,
तब एहसास हुआ -व्यर्थ ही भाग रहा था,
लाखों की सैलरी यूँ ही उड़ा रहा था,
गुमान था जैसे कोई भगवान होऊं,
पृथ्वी पर सबसे बलवान होऊं,
मेरी ही मर्जी से हिलता है पत्ता यहां,
दुनिया को ही जैसे चला रहा था मैं।
पर एक छोटे से वायरस ने दुनिया हिला दिया,
हमको हमारे ही घर में कैद करा दिया।

पलक, जो खुल रही है।

झूठे अभिमान को खाक में मिलाया,
जीवन के मूल्य का सही पता बतलाया।
अभी भी सूरज पूरब से निकलता है
नदिया सागर में मिलती है
फूल खिलते हैं और हवा चलती है।
बिन मानव के भी प्रकृति रोज खिलती है।
यह हम नहीं यह प्रकृति है जो जीवन को चलाती है
जब मर्जी हो तो नई प्रजाति बनाती है
या फिर प्राकृतिक आपदाएं लाकर दुनिया मिटाती है।
अब इतना सब खोकर हुआ एहसास
चंद ख्वाहिशों के साथ है जिंदगी सुनहरी।।

93. तुम्हारा अहम्

तुम क्यों चली आती हो
मेरे जीवन में बार-बार?
जबकि हमारा कोई रिश्ता ही नहीं,
अनकहा सा कोई किस्सा भी नहीं।
फिर क्यों मेरे शांत मन में कंकड़ फेंक जाती हो,
अंदर से बाहर तक मुझे हिला जाती हो |
संबंध मन से जुड़ते हैं
दिखावे से कोई लेना-देना नहीं।
कुछ तोहफे में भी मिलते हैं
पर दिल से जुड़ते नहीं ।
संबंध अगर होड़ है,तो छोड़ दो
अगर डोर है, तो जोड़ लो।
दिल का दिल से नाता है,
तो कस कर पकड़ लो।
अगर नफरत का है, तो तुरंत तोड़ दो।
कोई हक नहीं तुम्हें मेरे जीवन को रुसवा करने का,
मेरे आत्मविश्वास को टुकड़े-टुकड़े करने का,
मेरे 'मैं' को चोट पहुँचाने का!
कोई हक़ नहीं तुम्हें ईश्वर की बनाई रचना
को खराब कहने का।
मैं 'मैं' हूँ और स्वयं में प्रसन्न हूँ,
संतुष्ट हूँ और पूर्ण भी।
तुम्हें कोई हक़ नहीं मुझे अधूरा कहने का,

पलक, जो खुल रही है।

मुझ में खामियाँ निकालने का।
सच है नहीं आता है मुझे सब कुछ
पर बहुतो में मैं पारंगत हूँ,
बहुत से लोगों के लिए रोल मॉडल हूँ,
कमियाँ तो लोग ईश्वर में भी गिनाते हैं
फिर तो मैं एक अदना सा इंसान हूँ।
फिर से कहता हूँ तुम्हारी सोच,
तुम्हारा नज़रिया मेरे लिए कुछ भी नहीं,
मैं 'मैं' हूँ और बहुत प्रसन्न हूं,
नाहक ही समय बर्बाद करती हो
अपना और मेरा भी -
तंज कस कर कभी शब्दों से,
तो कभी आँखों से या फिर हाव-भाव से ही।
मुझे नहीं हिला सकती हो तुम
मैं खुशबू हूँ जो फैलूँगा हवाओं में
मैं आकाश हूँ जो ढक लूँगा ब्रह्मांड को
मैं फूल हूँ जो खिलूँगा हर नई सुबह में
मैं तारा हूँ -चमकूँगा हर रात में ।
एक बार, सिर्फ एक बार प्यार से कहती
कभी स्नेह से बालों में हाथ फेरती,
कभी प्रियतम की तरह गले लगाती,
कभी दोस्त बनकर मुझे हँसाती,
तो सारी दुश्मनी सह लेता मैं तुम्हारी
पर क्या कभी तुमने मुझे प्यार किया ?
फिर क्यों सुनु मैं तुम्हारे तंज
और करूँ बेकार अपना मन,
छोड़ दो तुम मुझे मेरे हाल पर

बस इतना सा है मेरा निवेदन !

94. कुछ औरतें

कुछ औरतें हमेशा मुश्किलों से घिरी होती हैं
हर कदम उनके सामने नई समस्या खड़ी होती हैं
थोड़ा चलती हैं फिर संभलती हैं,
फिर आसपास नज़र दौड़ा कर
साथ कौन-कौन हैं यह भी देख लेती हैं...
किंतु हर बार खुद को अकेला पाती हैं
और पाती हैं
प्रश्नवाचक निगाहें,
घूरती आँखें,
दोषारोपित करती उंगलियाँ,
विश्लेषण करते हुए चेहरे,
अनर्गल विवाद करती हुई जिह्वाएँ,
और तंज अपनों के...
वो अलग हैं इसलिए अकेली हैं,
कोई साथ नहीं हैं उनके,
बस है तो-
उनका आत्मविश्वास,
दृढ़ निश्चय
स्वयं को सही समझना
हर दशा और दिशा में।
हाँ उनकी दशा और दिशायें अलग होती हैं-
तभी तो वो अकेली होती हैं...
उनकी भिन्नता नहीं दिला पाती उन्हें सम्मान,

क्योंकि वह समाज के मूल्यों को नहीं मानती
वो स्वयं को कम नहीं आंकती।
दम भरती हैं सब कुछ करने का
जो विशेषाधिकार है कुछ लोगों का,
जैसे ही वो कंधे से कंधा मिलाती हैं
कुछ हाथ पीछे उन्हें खींच लेते हैं
और बहुत सारी आँखें डराने लगती हैं,
कुछ टाँगें लंगडी फसांती हैं
और उन्हें बहुत पीछे और पीछे और पीछे छोड़ आती हैं
जहाँ से उन्हें फिर नई शुरुआत करनी पड़ती है...

95. टूटे दरख़्त में भी बहार आती है

टूटे दरख़्त में भी बहार आती है
इंसान हौसला कर ले
तो हार भी जीत जाती है ;
करते रहे वो अमन चैन की बाते
और खिंचती रही दीवारे
उनके ही आशियाने में;
बड़ा मगरूर था इंसान
लगा था बस फ़तेह करने में
छोटी सी एक लहर ने
डूबा दिए जहाज़ उसके;
कौन लड़ सका है अपने
भाग्यनिर्माता से,
बेसब्र इंसान को ये अहसास दिला दिया।
कट रही थी बेफिक्री में ज़िन्दगी
उसने आकर ज़िन्दगी में
गमो की झड़ी लगा दी।
समझते रहे उसे अपनी हर बेचैनी का कारण
दूर जाकर उसने ये भ्रम भी मिटा दिया ,
बदल ले अब खुद को, तुम मानव'
प्रकृति ने फिर एक बार गुहार लगा दी।।

9 798885 464369

Printed by Libri Plureos GmbH in Hamburg, Germany